Wildlife in Wild Lands

Photography for Conservation in Southern South America

Laura Crawford Williams

Wildlife in Wild Lands

Photography for Conservation in Southern South America

Flat World Communication LLC
2017 Miami, Florida, United States

We dedicate this book to the life and memory of Douglas Rainsford Tompkins. The loss of this remarkable ecological visionary is beyond tragic. Doug and his wife, Kris, represent the epitome of everything I dare to hope this book may begin to inspire in others. For those of us who cannot live without wild things, may we all aspire to emulate his dedication to wildlife and wild lands conservation.

Dedicamos este libro a la vida y la memoria de Douglas Rainsford Tompkins. La pérdida de este excepcional visionario ecológico fue trágica. Doug y su esposa, Kris, representan la quintaesencia de todo lo que espero que este libro pueda inspirar en los demás. Para nosotros, quienes no podemos vivir sin los seres salvajes, ojalá aspiremos a imitar su dedicación a la conservación de la vida y las tierras salvajes.

Wildlife in Wild Lands

Photography for Conservation in Southern South America

Laura Crawford Williams

Rainforests and Wetlands
Selvas Tropicales y Humedales　　10

Andean Patagonia
La Patagonia Andina　　42

Grasslands and Seasonal Wetlands
Praderas y Humedales Estacionales　　78

Foreword – Mauricio Macri, President of Argentina	2
Introduction – A Labor of Love	4
Afterword – What Can I Do to Help?	204
Backstory – Between Frames	206
The National Parks Foundation of Argentina	218
LCW Photo and Frontera Wildlife	220
Acknowledgments	222
Index	226

Vida Silvestre en Tierras Salvajes

Fotografía para la Conservación en el Sur de Sudamérica

Laura Crawford Williams

Coastal Patagonia
Patagonia Costera — 110

Deserts and Dry Lands
Desiertos y Tierras Secas — 146

Forests and Streams
Bosques y Arroyos — 174

Prólogo - Mauricio Macri, presidente de la República Argentina   3

Prefacio - Una Tarea de Amor   6

Epílogo - ¿Qué Puedo Hacer para Ayudar?   205

Historia de Fondo - Entre Fotogramas   206

La Fundación Parques Nacionales de Argentina   219

LCW Photo y Frontera Wildlife   221

Agradecimientos   224

Índice   226

Foreword

Toward a New Era of National Parks
By Mauricio Macri,
President of Argentina

Argentinians have many reasons to feel fortunate. One of them, and maybe the most visible one, is the quality and magnificence of our natural landscapes. The greatness of the Andes, with its vast glaciers, the exuberance of the *misionera* jungle, and the shine of the Esteros del Iberá wetlands are just some examples of the huge natural diversity that defines us and makes us immensely proud.

Inside those landscapes, we find plant and animal communities that cannot be found in any other place on Earth. However, this richness that surrounds us is changing daily at an accelerating speed, not only in our country, but also around the world. The planet is undergoing significant changes due to human activities. This context of climate change and extinction crisis forces us to think in new paradigms.

More than 100 years after the creation of the Nahuel Huapi National Park, our first national park, we Argentinians are now facing new challenges.

First, we need to understand the value of working together to protect our planet. We can no longer believe that a government or a part of the society alone can guarantee by themselves the protection of our species and habitats. We all need to participate: citizens, civil society organizations, companies, as well as national and provincial governments. For that reason, it is necessary to strengthen the Federal System of Protected Areas, so that every province can be a part in the challenge of taking care of protected areas in our country, and of guaranteeing, together, the development of a responsible, professional and sustained territorial action plan for conservation in those places where Argentinian wildlife is in danger.

Second, we need to embrace the cause of ecosystem restoration as a state policy. Global scientific advancements demonstrate that it is now possible to rehabilitate weakened ecosystems. In Argentina, Corrientes has led this change, and we want the rest of the country to also follow these footsteps. For example, if we recover animal species that have disappeared from native areas, we can help nature as well as generate employment opportunities, as it happened in South Africa during Nelson Mandela's first presidency.

Third, it is essential to understand that ecology is not at odds with development; instead, ecology can also be a productive sector and, consequently, things that have a positive impact on the ecosystem can also have a positive impact on the progress of a country. National parks offer an enormous source of tourism opportunities. This type of "industry without chimneys" creates many jobs and encourages development in our country, as well as around the world.

It has been more than 100 years since Argentina created its first national park. We want to work for the forthcoming 100 years, so that when we reach the bicentenary of our national parks, future generations remember our generation as the one that gave a new dimension to this matter. Together, we can do it. It is up to us.

Prólogo

Hacia una nueva era en Parques Nacionales
Por Mauricio Macri,
Presidente de la Nación

Los argentinos tenemos muchas razones para sentirnos afortunados. Una de ellas, tal vez la más visible, es la calidad y el esplendor de nuestros paisajes naturales. La grandeza de los Andes, con sus extensos glaciares, la exuberancia de la selva misionera, el brillo de los Esteros del Iberá, son solo algunos ejemplos de esa enorme diversidad natural que nos define y nos llena de orgullo.

Dentro de estos paisajes, nos encontramos con comunidades de plantas y animales que no se encuentran en ningún otro lugar en la Tierra. Pero esta riqueza que nos rodea se está transformando día a día a un ritmo acelerado, no sólo en nuestro país sino en todo el mundo. El planeta está sufriendo cambios significativos debido a las actividades del hombre. Este contexto de cambio climático y crisis de extinción nos obliga a pensar en nuevos paradigmas.

Los argentinos, a más de 100 años de la creación del Parque Nacional Nahuel Huapi, nuestro primer parque nacional, nos enfrentamos a nuevos desafíos.

En primer lugar, necesitamos entender el valor de trabajar juntos para cuidar nuestro planeta. Ya no podemos pensar que solo un gobierno o un sector de la sociedad podrán garantizar por sí solos el cuidado de nuestras especies y de nuestro hábitat. Todos tenemos que participar: ciudadanos, organizaciones de la sociedad civil, empresas, gobierno nacional y gobiernos provinciales. Por eso, es necesario fortalecer el Sistema Federal de Áreas Protegidas, para que cada provincia sea parte del desafío de cuidar las áreas protegidas de nuestro país y de garantizar juntos una acción territorial responsable, profesional y sostenida en materia de conservación allí donde la naturaleza argentina esté en riesgo.

En segundo lugar, debemos abrazar la causa de la restauración de ecosistemas como política de Estado. Los avances científicos a nivel global nos demuestran que hoy es posible regenerar ecosistemas degradados. En la Argentina, Corrientes ha liderado este cambio y queremos que el resto del país también siga este camino. Por ejemplo: si recuperamos especies de fauna que han desaparecido podemos no sólo ayudar a la naturaleza sino además generar empleo, como sucedió en Sudáfrica en la primera presidencia de Nelson Mandela.

En tercer lugar, es clave entender que la ecología no se contrapone al desarrollo, sino que puede ser también un sector productivo, y por lo tanto aquello que impacta positivamente en el ecosistema también puede hacerlo en el progreso de un país. Los parques nacionales son una enorme fuente de oportunidades en materia de turismo, esa "industria sin chimeneas" que genera tantos puestos de trabajo y desarrollo en nuestro país y en el mundo.

Pasaron más de 100 años desde que la Argentina tuvo su primer parque nacional y queremos trabajar de cara a los próximos 100 años para que, cuando sea el bicentenario de nuestros parques nacionales, las futuras generaciones nos recuerden como la generación que le dio una nueva dimensión a esta temática. Juntos podemos hacerlo. Depende de nosotros.

A Labor of Love

Before my life as a wildlife photographer, I worked for a newly established software company. The hours were long, the work was intense, and by the time the company was sold in 1999, I was thoroughly burned-out. To recharge my depleted battery, I would walk with my dogs in the forests and prairies surrounding my home. A creative spark was ignited and I began carrying a camera as I walked. In 2001, my first published images appeared in *National Wildlife* magazine and by 2007, I had been published in *National Geographic* magazine. It felt like the pinnacle of success. But, the truth is, I never intended to become a professional wildlife photographer. I was simply doing what I love to do.

I first traveled to southern South America in November of 2007. My photo destination was Argentina. More specifically, La Pampa at Estancia Tierra Fiel with German Ambrosetti as my guide. We had no idea at the time that this trip would lead to our traveling over 250,000 kilometers together in southern South America during the next several years. When I returned home, I created a book of images as a thank you gift for the owners of Tierra Fiel. Their response to the book was familiar; I had seen it from other people, in other places. First, they were surprised and amazed by the beauty and diversity of life within the borders of their own farm. Then, they discovered a new appreciation for species they once considered common and unnoteworthy. With childlike wonder, they reconnected to the cycle of life happening within the landscapes around them. Ultimately, these feelings rekindled their interest and reinforced a sense of pride in the land that had been in their family for years.

My passion isn't only for taking pictures; I'm happiest when I'm able to share the soul-filling, emotional experience I have while in the field. I work to inspire intellectual curiosity as well. Success comes when I am able to infect others with the same excitement, amusement, and awe that I feel when working with wildlife. That is the most important part of what I love to do.

For eight years, German and I have traveled all over southern South America. In 2008, we created a company that led wildlife photography adventures and workshops, particularly in Argentina, Chile, and Brazil. German managed logistics while I worked on marketing, location research, and sales. We named the company Frontera Wildlife Photography Adventures, and we entertained small groups of passionate amateur photographers from the US, focusing on a different animal or ecosystem during each trip. We partnered with the Buenos Aires Zoo and provided conservation education about target species before taking clients into the field. While conducting tours, we explored the amazing ecosystems found in the Southern Cone and formed many friendships with people working in conservation.

Eventually, conservation-minded organizations and individuals began asking if I would work with them. We agreed to an exchange of services; I provided my time plus photos for use in education, research, and promotion, and they provided gas, housing, and food. After some time, German began using a video camera and we were able to offer video presentations as well. By 2011, we no longer led photo tours; instead, we focused exclusively on wildlife conservation photography as a nonprofit pursuit. We were very fortunate to have met so many people working to save species and ecosystems in decline. I found that their passion to discover, teach, and protect was equal to my passion to inspire people to care. Whether we are researchers, educators, politicians, photographers, or creators of foundations and nongovernmental organizations (NGOs), the common denominator is our desire to be champions for the natural world, no matter what the challenges may be.

For those committed to conservation, there is often little financial compensation despite the extraordinary amount of time spent and effort made. Work in the field is not easy and can be especially difficult because of unpredictable weather, biting insects, dangerous animals, and occasionally, aggressive humans who oppose conservation activities. The commitment of these champions is truly an altruistic and wholehearted labor of love. With this book, I would like to celebrate each of these individuals, as well as my experiences working with them. Without their help, many of these images would never have been captured.

As you turn these pages, please slow down, breathe deeply and connect with the emotions the images evoke. Allow the photographs to speak without word or sound. Let them connect you to the majestic life forms that inhabit some of Earth's most dramatic landscapes. Simply look and be inspired.

Most Sincerely,
Laura Crawford Williams

Una tarea de amor

Antes de dedicarme a la fotografía de vida silvestre, trabajaba para una compañía de *software* recién creada. La jornada era larga, el trabajo era intenso, y cuando la empresa se vendió en 1999, estaba exhausta. Para recargar mis baterías agotadas, caminaba con mis perros por los bosques y las praderas cerca de mi casa. Una chispa creativa se encendió en mí, y empecé a llevar una cámara en mis caminatas. En 2001, mis imágenes se publicaron por primera vez en la revista *National Wildlife*. Hacia el año 2007, mis fotos se habían publicado en la revista *National Geographic*. Sentía que estaba en la cima del éxito. Pero la verdad es que nunca fue mi intención convertirme en fotógrafa profesional de vida silvestre. Simplemente, estaba haciendo lo que amo hacer.

Viajé por primera vez al sur de Sudamérica en noviembre de 2007. Mi destino fotográfico era la Argentina, específicamente, La Pampa, en la Estancia Tierra Fiel, con Germán Ambrosetti como mi guía. En ese momento, no teníamos idea de que ese primer viaje nos llevaría a viajar juntos más de 250.000 km por el sur de Sudamérica durante los años siguientes.

Cuando regresé a casa, armé un libro de imágenes como regalo de agradecimiento para los dueños de Tierra Fiel. Su reacción ante el libro me resultó familiar –ya lo había visto en otras personas, en otros lugares. Primero, se sorprendieron y asombraron por la belleza y la diversidad de la vida dentro de las fronteras de su propia estancia. Después, revalorizaron algunas especies que habían considerado comunes o no dignas de atención. Con la capacidad de asombro de un niño, volvieron a conectarse con el ciclo de vida que sucedía en las tierras que los rodeaban. Finalmente, esos sentimientos revivieron su interés y reforzaron el sentido de orgullo por la tierra que había pertenecido a su familia por años.

Mi pasión no es únicamente la fotografía; me siento muy feliz cuando puedo compartir la experiencia emocional plena que tengo cuando estoy en el campo. También trabajo para despertar la curiosidad intelectual. El éxito llega cuando puedo contagiarles a los demás el mismo entusiasmo, diversión y sobrecogimiento que siento cuando estoy trabajando con la vida silvestre. Esa es la parte más importante de lo que amo hacer.

Durante ocho años, Germán y yo viajamos por todo el sur de Sudamérica. En 2008, creamos una compañía que ofrecía talleres y aventuras de fotografía de vida silvestre, particularmente en Argentina, Chile y Brasil. Germán se encargaba de la logística, mientras yo me ocupaba del marketing, la investigación de los sitios para tomar fotos, y las ventas. Llamamos a la compañía Frontera Wildlife Photography Adventures. Recibíamos a pequeños grupos de fotógrafos aficionados entusiastas de los EUA, centrándonos en diferentes animales o ecosistemas en cada viaje. Mediante una alianza con el Zoológico de Buenos Aires, brindábamos capacitaciones sobre la conservación de determinadas especies antes de llevar a los clientes al campo. Mientras dirigíamos los viajes, exploramos los increíbles ecosistemas que se encuentran en el Cono Sur e hicimos amistad con muchas personas dedicadas a la conservación.

Con el tiempo, organizaciones y personas interesadas en la conservación empezaron a preguntarme si trabajaría con ellos. Nos pusimos de acuerdo para hacer un intercambio de servicios; yo ofrecía mi tiempo y mis fotos para usar en proyectos de educación, investigación y promoción, y ellos proveían gasolina, alojamiento y comida. Más adelante, Germán comenzó a usar una cámara de video, y pudimos ofrecer también presentaciones en video. Hacia el año 2011, ya no realizábamos viajes fotográficos; en lugar de ello, nos centramos exclusivamente en la fotografía para la conservación de la vida silvestre como actividad sin fines de lucro. Fuimos muy afortunados de haber conocido tantas personas dedicadas a salvar las especies y los ecosistemas que están en declive. Me di cuenta de que su pasión por descubrir, enseñar y proteger era igual a mi pasión por inspirar a otros a cuidar. Seamos investigadores, educadores, políticos, fotógrafos o creadores de fundaciones y organizaciones no gubernamentales (ONG), el denominador común es nuestro deseo de ser defensores del mundo natural, sin importar cuáles sean los obstáculos.

Para aquellos que están comprometidos con la conservación, suele haber una escasa retribución financiera, a pesar de la cantidad extraordinaria de tiempo invertido y esfuerzo realizado. Trabajar en el campo no es fácil y puede resultar especialmente difícil ya que las condiciones meteorológicas son imprevisibles, los insectos pican, hay animales peligrosos y, en ocasiones, humanos agresivos que están en contra de las actividades de conservación.

El compromiso de estos defensores es verdaderamente una tarea de amor altruista e incondicional. Con este libro, me gustaría rendir tributo a cada una de esas personas, así como a las experiencias que he tenido al trabajar con ellas. Sin su ayuda, muchas de estas imágenes nunca habrían podido capturarse.

Al dar vuelta estas páginas, relájate, respira profundamente y conéctate con las emociones que evocan las imágenes. Permite que las fotografías hablen sin palabras ni sonidos. Deja que te conecten con los majestuosos seres vivientes que habitan en algunos de los paisajes más espectaculares de la Tierra. Simplemente, observa e inspírate.

Atentamente,
Laura Crawford Williams

The majority of the following images were captured in the wild. Every effort was made to photograph wild animals without creating undue stress or difficulty for them. A few of the images were taken of captive animals at wildlife rehabilitation facilities. Images of captive animals are labeled in the corresponding caption.

Key

Critical: A species with an extremely high risk of becoming extinct in the wild.

High Risk: A species with the potential for becoming extinct in the wild.

Vulnerable: A species facing increasing difficulty in the wild.

La mayoría de las siguientes imágenes se tomaron en parajes silvestres. Se hizo todo lo posible para fotografiar los animales salvajes sin causarles ninguna tensión o dificultad innecesaria. Se tomaron algunas imágenes de animales en cautiverio, en instalaciones dedicadas a la rehabilitación de vida salvaje. Las imágenes de animales cautivos están identificadas en las leyendas correspondientes.

Clave

Crítico: Especie que enfrenta un riesgo sumamente alto de extinción en estado salvaje.

Alto riesgo: Especie que enfrenta la posibilidad de extinguirse en estado salvaje.

Vulnerable: Especie que enfrenta dificultades cada vez mayores en estado salvaje.

Selvas Tropicales y Humedales

"...donde el agua es un regalo generoso".

Rainforest and Wetland

"...where water is a generous gift."

Jaguar

Yaguareté *(Panthera onca)*

VULNERABLE - VULNERABLE

A Jaguar cleans his fur as he lies in the cage where he has lived for eighteen years. A former Jaguar hunter illegally captured the animal to save him from being killed by local gauchos. Unfortunately, it is common practice for gauchos to kill Jaguar and Puma, whether the animals are a threat to domestic livestock or not.

Un Yaguareté se limpia el pelaje mientras está recostado en la jaula donde ha vivido durante 18 años. Un excazador de Yaguaretés capturó el animal ilegalmente para impedir que lo mataran los gauchos de la zona. Por desgracia, es común que los gauchos maten Yaguaretés y Pumas, representen o no una amenaza para el ganado.

Ornate Hawk-Eagle

Águila Crestuda Real (*Spizaetus ornatus*)

 VULNERABLE - VULNERABLE

This captive Ornate Hawk-eagle was injured and unable to return to the wild. He now lives in a privately owned wildlife rehabilitation center.

Esta Águila Crestuda Real cautiva fue herida y no puede regresar al medio natural. Ahora vive en un centro privado de rehabilitación de vida silvestre.

Brown-Throated Sloth

Perezoso Bayo *(Bradypus variegatus)*

A hungry Brown-throated Sloth climbs toward tasty flowers. This species of sloth is found in a variety of forest types including tropical, lowland, cloud, semi-deciduous, and montane.

Un hambriento Perezoso Bayo trepa hacia unas deliciosas flores. Esta especie de perezoso se halla en diferentes tipos de bosques, entre ellos, tropicales, de tierras bajas, nubosos, semicaducifolios y montanos.

White Woodpecker

Carpintero Blanco (*Melanerpes candidus*)

A White Woodpecker rests in a permanently flooded palm forest.

Un Carpintero Blanco descansa en un bosque de palmeras que se halla permanentemente inundado.

Jabiru

Jabirú (Jabiru mycteria)

A Jabiru flies over a wetland as the full moon rises in the background. Wild populations were declining and considered vulnerable in the 1980s, but numbers have risen steadily since that time.

Un Jabirú vuela sobre un humedal mientras, en el fondo, se asoma la luna llena. En los años 80, las poblaciones silvestres estaban en baja y se las consideraba vulnerables, pero la cantidad de ejemplares ha aumentado a un ritmo constante desde esa época.

Rosy-Billed Pochards

Pato Picazo *(Netta peposaca)*

Two male Rosy-billed Pochards fly across a wetland that is covered with tiny green plants.

Dos Patos Picazos macho alzan vuelo sobre un humedal cubierto de pequeñas plantas verdes.

Black-and-Gold Howler Monkey

Mono Aullador Negro y Dorado

(Alouatta caraya)

A baby Black-and-gold Howler Monkey holds on to a branch with his prehensile tail. pink lapacho trees bloom in the background.

Una cría de Mono Aullador Negro y Dorado se agarra a una rama con su cola prensil. Al fondo, florecen lapachos rosados.

Common Vampire Bat

Vampiro Común (*Desmodus rotundus*)

Common Vampire Bats roost inside a hollowed-out tree; they emerge to hunt in the darkest hours of the night.

Unos Vampiros Comunes descansan dentro del hueco de un árbol; salen a cazar durante las horas más oscuras de la noche.

South American Tapir

Tapir Amazónico *(Tapirus terrestris)*

The South American Tapir is a nearly endangered species. Populations are in decline due to hunting and habitat loss.

El Tapir Amazónico es una especie que está casi en peligro de extinción. Las poblaciones están disminuyendo debido a la caza y a la pérdida de hábitat.

Great White Egret

Garza Blanca (*Ardea alba*)

A Great White Egret watches the photographer from underneath its wing.

Una Garza Blanca observa a la fotógrafa por debajo del ala.

Coypu

Coipú *(Myocastor coypus)*

Two Coypus, also known as Nutria, display their territorial aggression. Coypu were once found only in South America, but have since been exported to fur farms around the world. Individuals that escaped from these farms established large local populations. With no natural predators to help control their numbers, Coypu cause significant damage to the fragile wetland ecosystems they invade.

Dos Coipús, también llamados Nutrias, pelean por su territorio. Anteriormente, los Coipús solo se hallaban en Sudamérica, pero, desde hace tiempo, se han exportado a criaderos de animales de peletería de todo el mundo. Los Coipús que escaparon de estos criaderos formaron grandes poblaciones locales. Al no existir predadores naturales que ayuden a controlar estas poblaciones, los Coipús dañan significativamente los frágiles ecosistemas pantanosos que invaden.

Marsh Deer

Ciervo de los Pantanos

(Blastocerus dichotomus)

 HIGH RISK - ALTO RIESGO

A male Marsh Deer raises his nose to smell the air. The species is in decline due to habitat loss and hunting.

Un Ciervo de los Pantanos macho levanta el hocico para olfatear el aire. La cantidad de ejemplares de esta especie está disminuyendo debido a la caza y la pérdida de hábitat.

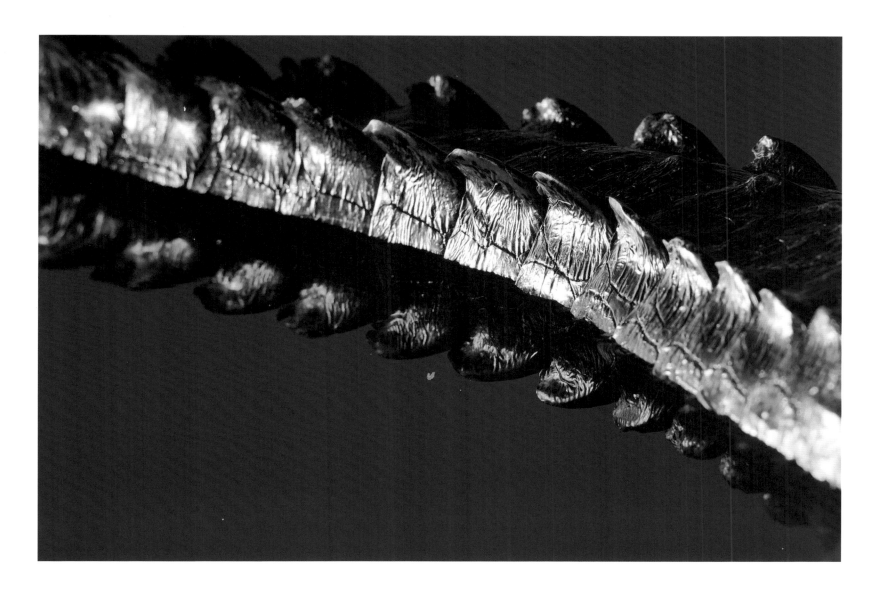

Yacare Caiman

Caimán *(Caiman yacare)*

Above the crystal-clear water, the tail of a Yacare Caiman reflects the light at sunset.

Sobre el agua cristalina, la cola de un Caimán refleja el brillo del atardecer.

Yacare Caiman

Caimán *(Caiman yacare)*

A large Yacare Caiman, eats a piranha stolen from a fisherman.

Un Caimán grande come una piraña que le robó a un pescador local.

Great White Egret

Garza Blanca (*Ardea alba*)

A Great White Egret in a flooded palm forest,

Una Garza Blanca en un bosque de palmeras inundado.

Blue-Throated Macaw

Guacamayo Barbazul *(Ara glaucogularis)*

 CRITICAL - CRÍTICO

The Blue-throated Macaw is a critically endangered species. Recent population estimates suggest between 50 and 250 individuals remain in the wild.

El Guacamayo Barbazul es una especie en peligro crítico de extinción. Los cálculos de población recientes indican que en la naturaleza solo quedan entre 50 y 250 ejemplares.

Hyacinth Macaw

Guacamayo Jacinto

(Anodorhynchus hyacinthinus)

 **HIGH RISK - ALTO RIESGO**

Hyacinth Macaw populations are in decline. Habitat loss and trapping for the pet trade has significantly reduced the population in the wild.

Las poblaciones de Guacamayos Jacintos están en descenso. La pérdida de hábitat y las trampas para el comercio de mascotas han reducido considerablemente su población en estado salvaje.

Capybara

Carpincho *(Hydrochoerus hydrochaeris)*

A Capybara mother nurses her young. The Capybara is the largest rodent in the world.

Una mamá Carpincho alimenta a sus crías. El Carpincho es el roedor más grande del mundo.

Ringed Kingfisher

Martín Pescador Grande

(Megaceryle torquata)

A female Ringed Kingfisher jumps into flight from her perch over the river.

Un Martín Pescador Grande hembra alza vuelo desde su posadero sobre el río.

Toco Toucan

Tucán Toco (*Ramphastos toco*)

The Toco Toucan is a recognized symbol of the rainforest, but it can also be found in a wide range of semi-open habitats.

El Tucán Toco es un símbolo reconocido de la selva tropical, pero también se encuentra en una gran variedad de hábitats semiabiertos.

Jaguar

Yaguareté *(Panthera onca)*

It is estimated that only about 15,000 Jaguars remain in the wild. They once roamed from Argentina all the way up to Arizona in the United States.

Se calcula que solo quedan alrededor de 15.000 Yaguaretés en la naturaleza. En el pasado, deambulaban desde Argentina hasta Arizona, en los Estados Unidos.

VULNERABLE - VULNERABLE

Red-Breasted Toucan

Tucán de Pecho Rojo (*Ramphastos dicolorus*)

The Red-breasted Toucan is also known as the Green-billed Toucan. The male and female use their large bills to throw fruit to one another during courtship.

El Tucán de Pecho Rojo es también conocido como Tucán de Pico Verde. Cuando se cortejan, tanto machos como hembras usan sus grandes picos para arrojarse frutas.

Black-and-Gold Howler Monkey

Mono Aullador Negro y Dorado

(Alouatta caraya)

Black-and-gold Howler Monkeys can be found in warm, tropical areas where rain is prevalent, as well as in areas with a dry, cool season.

Los Monos Aulladores Negros y Dorados pueden encontrarse en zonas cálidas y tropicales, donde llueve con frecuencia, así como en lugares con temporadas frías y secas.

Cururu Toad

Cururú Rococó (*Bufo paracnemis*)

The Cururu Toad has a wide distribution and tolerates a broad range of fresh water habitats.

El Cururú Rococó tiene una distribución extensa y puede tolerar un amplio abanico de hábitats de agua dulce.

Yellow Anaconda

Anaconda Amarilla (*Eunectes notaeus*)

The Yellow Anaconda is the second largest boa species in South America; they can grow between three and four meters in length.

La Anaconda Amarilla es la segunda especie de boa más grande de Sudamérica; puede alcanzar una longitud de entre tres y cuatro metros.

La Patagonia Andina

"...donde la tierra toca el cielo".

Andean Patagonia

"...where earth touches sky."

Andean Condor

Cóndor Andino *(Vultur gryphus)*

The Andean Condor is one of the largest flying birds in the world. Unfortunately, the population numbers of these birds are declining worldwide. This adult male is using morning thermals to soar near the cliffs where he roosts.

El Cóndor Andino es una de las aves voladoras más grandes del mundo. Desafortunadamente, la población mundial de estos pájaros está descendiendo. Este macho adulto aprovecha las corrientes ascendentes de aire caliente de la mañana para volar cerca de los acantilados donde descansa.

 **VULNERABLE - VULNERABLE**

Guanaco

Guanaco (*Lama guanicoe*)

A Guanaco walks along the water's edge at sunset. Guanacos are desert specialists that survive on moisture from lichen and cactus flowers when there is no other water supply.

Un Guanaco camina por la orilla del agua al atardecer. Los Guanacos son especialistas en desiertos y pueden sobrevivir obteniendo agua de líquenes y flores de cactus cuando no hay ninguna otra fuente de agua.

Chilean Torrent Duck

Pato de Torrente Chileno

(Merganetta armata)

A male Chilean Torrent Duck emerges from the rapids where he is hunting for food. Chilean Torrent Duck populations are doing well, but the other five Torrent Duck subspecies are in decline due to food competition with newly introduced trout species.

Un Pato de Torrente Chileno macho emerge de los rápidos donde está cazando. Las poblaciones de Patos de Torrente Chilenos no están en peligro, pero las de las otras cinco subespecies de Patos de Torrente están descendiendo debido a la competencia por obtención de alimento con las especies de truchas recientemente introducidas.

Puma

Puma *(Puma concolor)*

A shallow cave is the perfect place for this Puma to rest before hunting. Pumas have the largest range of any terrestrial wild animal in the Americas and they are notoriously difficult to find.

Una cueva poco profunda es el lugar perfecto para que este Puma descanse antes de salir a cazar. El hábitat de los Pumas es más extenso que el de cualquier otro animal terrestre salvaje del continente americano; aun así, es muy difícil hallarlos.

Snow reveals the tracks of a Puma; it's much easier to track Puma when fresh snow is on the ground.

La nieve revela las huellas de un Puma; es mucho más fácil rastrear a un Puma cuando hay nieve fresca sobre el terreno.

Flying Steamer Duck

Quetro Malvinero *(Tachyeres patachonicus)*

The Flying Steamer Duck is the only member of the Steamer Duck species that can fly. This female is running across a glacial lake in the foothills of the Andes.

El Quetro Malvinero es el único miembro de la especie de Quetros que puede volar. Esta hembra cruza corriendo un lago glacial en las estribaciones de los Andes.

Patagonian Hog-Nosed Skunk

Zorrino Patagónico *(Conepatus humboldtii)*

An adult Patagonian Hog-nosed Skunk, also known as Humboldt's Hog-nosed Skunk, stands with three of her young beside her.

Una Zorrina Patagónica adulta, especie también conocida como Zorrino de Humboldt, está de pie junto a tres de sus crías.

South American Gray Fox

Zorro Gris (*Lycalopex griseus*)

A South American Gray Fox, also known as the Patagonian Fox, eats a non-native European Hare. The damage that hares do to forestry, crops, and domestic grazing land in Patagonia, is considerable.

Un Zorro Gris, también conocido como Zorro Patagónico, se come una Liebre Europea, que no es nativa del lugar. El daño que las liebres causan a la silvicultura, los cultivos y las tierras de pastoreo en la Patagonia es considerable.

Southern Crested Caracara

Carancho Común (*Caracara plancus*)

A Southern Crested Caracara scavenges for food. This adult is eating from the carcass of a Guanaco.

Un Carancho Común busca alimento. Este adulto devora los restos de un Guanaco.

Magellanic
Horned Owl

Búho Magallánico *(Bubo magellanicus)*

The population size of the Magellanic Horned Owl has not been officially determined as a result of its recent reclassification as a new species.

El tamaño de la población de Búhos Magallánicos no se ha determinado oficialmente como consecuencia de su reciente reclasificación como especie nueva.

Black-Chested Buzzard-Eagle

Águila Mora *(Geranoaetus melanoleucus)*

A male and female Black-chested Buzzard-eagle fly toward their nest; one is carrying food.

Dos Águilas Moras, un macho y una hembra, vuelan hacia su nido. Una de ellas lleva alimento.

Rufous-Chested Dotterel

Chorlito (*Charadrius modestus*)

A Rufous-chested Dotterel in breeding plumage stands near its nest. Both parents share the responsibility of caring for the nest—one parent will sit on the eggs all day and the other all night.

Un Chorlito, con plumaje de reproducción, está de pie cerca de su nido. Ambos padres comparten la responsabilidad de cuidar el nido; uno empolla los huevos durante el día, y el otro, durante la noche.

Vicuña

Vicuña (*Vicugna vicugna*)

Vicuña live at high altitudes in the Andes, far north of Patagonia, but they are an excellent example of successful conservation efforts. In 1974, an estimated 6,000 animals remained — today, the population has rebounded to 350,000 and continues to increase.

Las Vicuñas viven a una gran altura al norte de la Patagonia en los Andes, y son un excelente ejemplo de iniciativas de conservación exitosas. En 1974, se estimaba que solo quedaban 6.000 ejemplares; actualmente, la población se ha recuperado y alcanzado 350.000, y esta cifra s gue creciendo.

Puma

Puma *(Puma concolor)*

A brother and a sister Puma rest in a cave, one watches for Guanaco while the other looks curiously at the photographer.

Dos Pumas hermanos descansan en una cueva; uno está alerta a la espera de algún Guanaco, mientras el otro mira a la fotógrafa con curiosidad.

South American Gray Fox

Zorro Gris *(Lycalopex griseus)*

A South American Gray Fox, also known as the Patagonian Fox, runs through the snow.

Un Zorro Gris, también conocido como Zorro Patagónico, corre por la nieve.

Andean Condor

Cóndor Andino *(Vultur gryphus)*

A male Andean Condor soars over a snowy river valley. This species is often mistreated by humans due to the misconception that they kill livestock.

Un Cóndor Andino macho vuela alto sobre el valle nevado de un río. Los humanos suelen maltratar a esta especie, debido a la idea errónea de que matan el ganado.

 VULNERABLE - VULNERABLE

Hooded Grebe

Macá Tobiano *(Podiceps gallardoi)*

 CRITICAL - CRÍTICO

The Hooded Grebe was listed as critically endangered in 2012. This male and female are a breeding pair. They are two of the estimated 800 of these birds remaining that can be found on high plateaus east of the Andes.

Los Macaes Tobianos se clasificaron en peligro crítico de extinción en 2012. Este macho y esta hembra son una pareja reproductiva. Son dos de los 800 ejemplares que, según se calcula, quedan de esta especie y pueden hallarse en las mesetas altas al este de los Andes.

Red Shoveler

Pato Pico Cuchara Sudamericano

(*Spatula platalea*)

A male and female Red Shoveler paddle through golden water. The species is often seen in low regions, but can be found at up to 3,400 meters of elevation in the Andes.

Dos Patos Pico Cuchara Sudamericanos, macho y hembra, chapotean en el agua dorada. Por lo general, la especie se halla en regiones bajas, aunque también puede vérsela a 3.400 metros de altura en los Andes.

Chilean Torrent Duck

Pato de Torrente Chileno

(Merganetta armata)

A male Chilean Torrent Duck dives in search of food. The Torrent Duck is an Andean endemic and specialist of cold, fast-flowing mountain streams.

Un Pato de Torrente Chileno macho se lanza al agua en busca de alimento. El Pato de Torrente es endémico de los Andes y se especializa en arroyos fríos y rápidos de las montañas.

Magellanic Horned Owl

Búho Magallánico *(Bubo magellanicus)*

The Magellanic Horned Owl can be seen in a variety of habitats. This young adult could always be found near the entrance to this shallow cave, with one of its parents and two siblings nearby.

El Búho Magallánico puede hallarse en diversos hábitats. Este adulto joven siempre podía verse cerca de la entrada de esta cueva poco profunda, con uno de sus padres y dos hermanos.

Lesser Rhea

Choique (*Rhea pennata*)

A male Lesser Rhea, also known as the Darwin's Rhea, watches for danger as one of his young feeds nearby.

Un Choique macho, también conocido como Ñandú de Darwin, está atento al peligro, mientras una de sus crías se alimenta a su lado.

Patagonian
Hog-Nosed Skunk

Zorrino Patagónico *(Conepatus humboldtii)*

The Patagonian Hog-nosed Skunk will stamp its feet when feeling threatened, just like many other skunk species.

Los Zorrinos Patagónicos golpean el suelo con las patas cuando se sienten amenazados, al igual que muchas otras especies de zorrinos.

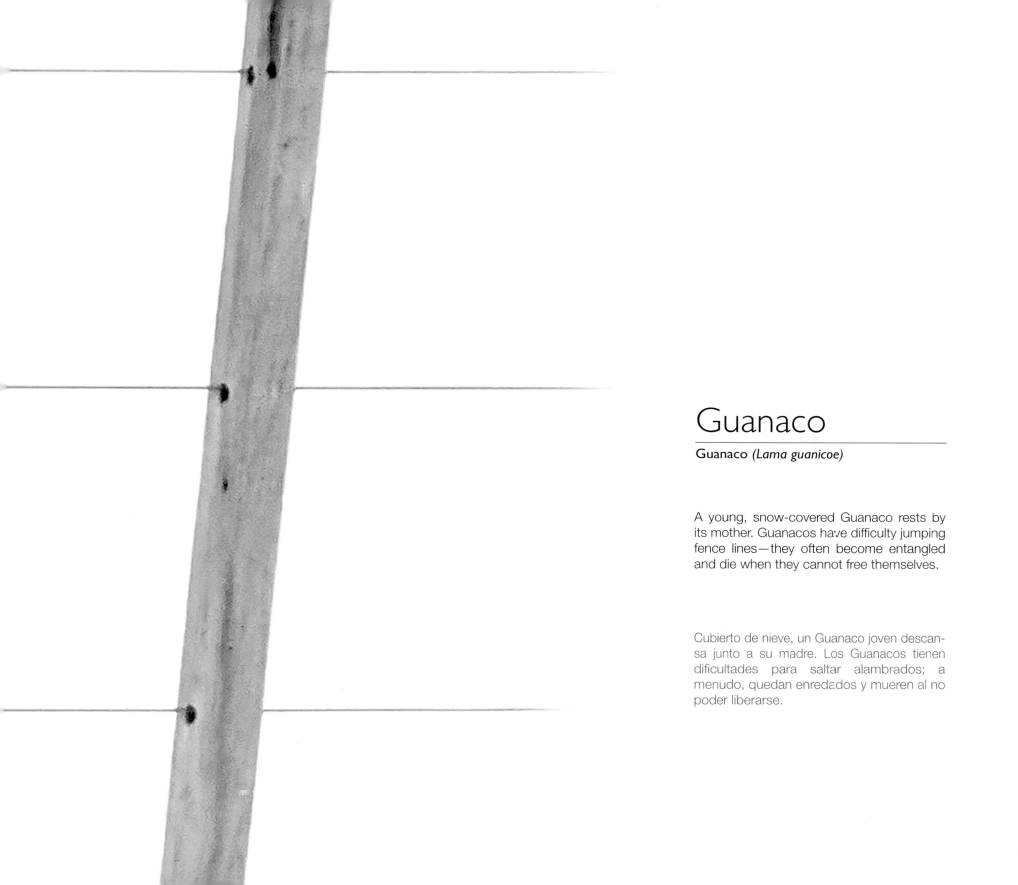

Guanaco

Guanaco *(Lama guanicoe)*

A young, snow-covered Guanaco rests by its mother. Guanacos have difficulty jumping fence lines—they often become entangled and die when they cannot free themselves.

Cubierto de nieve, un Guanaco joven descansa junto a su madre. Los Guanacos tienen dificultades para saltar alambrados; a menudo, quedan enredados y mueren al no poder liberarse.

Chilean Flamingo

Flamenco Austral *(Phoenicopterus chilensis)*

 VULNERABLE - VULNERABLE

A single Chilean Flamingo stands in the shallow bay at sunset.

Al atardecer, un solitario Flamenco Austral está de pie en la bahía somera al atardecer.

Chilean Flicker

Carpintero Pitío *(Colaptes pitius)*

A Chilean Flicker rests on an old fence post near the forest where it lives.

Un Carpintero Pitío descansa sobre el poste de un viejo cerco en las inmediaciones del bosque donde habita.

Puma
Puma (*Puma concolor*)

Normally, the Puma is elusive and nearly invisible—against this snowy landscape, it is much easier to see.

Normalmente, el Puma es escurridizo y casi invisible; con este paisaje nevado, es mucho más fácil distinguirlo.

Southern Viscacha

Chinchillón (*Lagidium viscacia*)

Southern Mountain Viscacha can only be found in relatively steep, rocky areas between altitudes of 700 and 4,800 meters. This adult is enjoying the warmth of the sun just outside of its burrow.

Los Chinchillones solo se hallan en lugares relativamente empinados y rocosos, de entre 700 y 4.800 metros de altura. Este adulto está disfrutando del calor del sol, echado fuera de su madriguera.

Praderas y Humedales Estacionales

"...donde la sutil belleza se funde con el amplio horizonte".

Grasslands and Seasonal Wetlands

"...where subtle beauty meets the long horizon."

Maned Wolf

Aguará Guazú *(Chrysocyon brachyurus)*

 VULNERABLE - VULNERABLE

A captive Maned Wolf watches the photographer shyly, but curiously. The species is threatened due to habitat loss, roadway kills, and diseases from feral domestic dogs.

Un Aguará Guazú cautivo mira tímidamente a la fotógrafa, pero con curiosidad. Esta es una especie amenazada debido a la pérdida de hábitat, las muertes en las carreteras y las enfermedades de los perros domésticos asilvestrados.

Pampas Deer

Venado de los Pantanos

(Ozotoceros bezoarticus)

 VULNERABLE - VULNERABLE

A reintroduced Pampas Deer wears a radio collar; this species is threatened due to habitat loss.

Un Venado de los Pantanos reintroducido en el medio natural lleva un collar de radio. Esta especie está amenazada debido a la pérdida de hábitat.

Silver Teal

Pato Capuchino *(Spatula versicolor)*

Four Silver Teals fly in a perfectly synchronous formation.

Cuatro Patos Capuchinos vuelan en una formación perfectamente sincronizada.

Southern Screamer

Chajá Común *(Chauna torquata)*

Newly hatched Southern Screamers sit together in their nest. As adults, these birds establish monogamous relationships that last their lifetime.

Chajás Comunes recién nacidos sentados juntos en su nido. Estos pájaros, en la adultez, entablan relaciones monógamas que duran toda la vida.

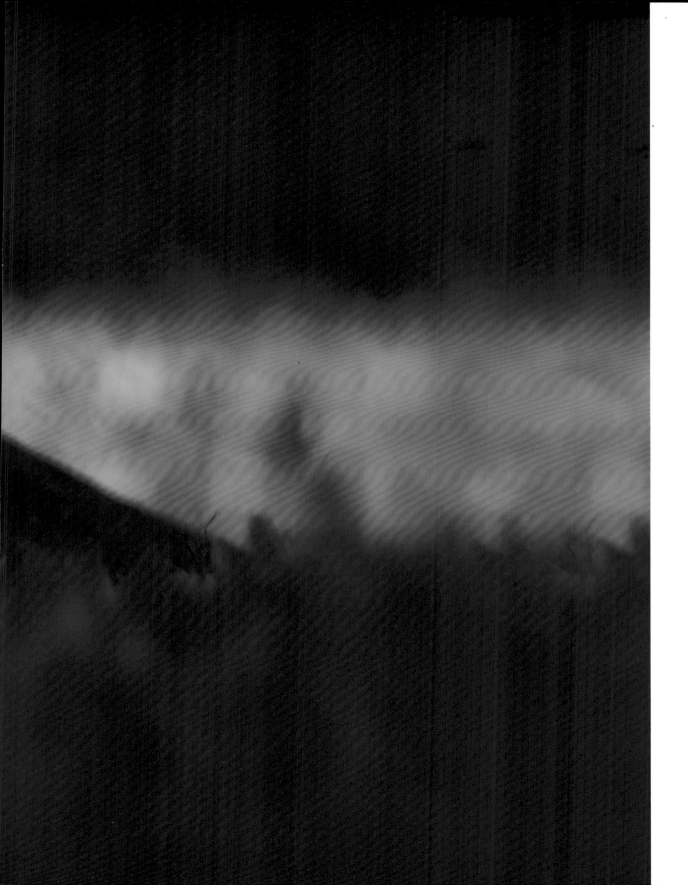

Argentine Black and White Tegu

Lagarto Overo *(Salvator merianae)*

The Black and White Tegu uses its tongue to smell when hunting for insects; it is an adaptive species that lives in many different habitats.

El Lagarto Overo usa la lengua para oler cuando busca insectos. Es una especie adaptativa que vive en muchos hábitats diferentes.

South American Gray Fox

Zorro Gris *(Lycalopex griseus)*

A female South American Gray Fox moves her kits to a new burrow. She was constantly scratching as she moved each kit from the old insect infested burrow to a fresh, new one.

Una Zorro Gris lleva a sus crías a una nueva madriguera limpia. Se rascaba continuamente mientras trasladaba a cada cachorro desde la madriguera anterior, que estaba infestada de insectos, hasta una nueva y limpia.

Rufous Hornero

Hornero (*Furnarius rufus*)

A male and female Rufous Hornero build their mud nest. This bird is the national emblem of Argentina.

Una pareja de Horneros construye su nido de barro. Este pájaro es el símbolo nacional de Argentina.

Cliff Swallow

Golondrina Rabadilla Canela

(Petrochelidon pyrrhonota)

A Cliff Swallow's beak is covered with dried mud from the nest it was building. The breeding range for these birds is extremely large—from southern South America all the way up to Alaska.

El pico de esta Golondrina Rabadilla Canela está cubierto de barro seco del nido que estuvo construyendo. El ámbito de reproducción de estos pájaros es sumamente extenso, desde el sur de Sudamérica hasta Alaska.

Southern Lapwing

Tero Común (*Vanellus chilensis*)

A Southern Lapwing chick joins her mother, who is warming two other chicks beneath her breast.

Una cría de Tero Común se acerca a su madre, que está dándoles calor a otros dos polluelos debajo de su pecho.

Strange-Tailed Tyrant

Yetapá de Collar *(Alectrurus risora)*

 **HIGH RISK - ALTO RIESGO**

A male Strange-tailed Tyrant guards his nesting territory from other males. Much of this species has been extirpated due to habitat loss; therefore, populations are isolated and scattered.

Un Yetapá de Collar macho protege el territorio donde se encuentra su nido de otros machos. La mayor parte de esta especie ha desaparecido debido a la pérdida de hábitat; por lo tanto, las poblaciones son aisladas y dispersas.

Red-Legged Seriema

Chuña Patas Rojas *(Cariama cristata)*

The Red-legged Seriema is an aggressive hunter and has been observed killing venomous snakes.

La Chuña Patas Rojas es una cazadora agresiva, y se la ha visto matar serpientes venenosas.

Greater Rhea

Ñandú *(Rhea americana)*

A male Greater Rhea lowers his head and spreads his wings during courtship with a female.

Un Ñandú macho baja la cabeza y despliega las alas durante su cortejo a una hembra.

 VULNERABLE - VULNERABLE

White-Tufted Grebe

Macá Común (*Rollandia rolland*)

While foraging, a White-tufted Grebe parent carries a chick on its back.

Mientras busca alimento, un Macá Común lleva un polluelo en el lomo.

Black-Chested Buzzard-Eagle

Águila Mora (*Geranoaetus melanoleucus*)

A Black-chested Buzzard-eagle uses its wings for balance when walking up a branch.

Un Águila Mora usa las alas para mantener el equilibrio al caminar sobre una rama.

Black-Masked Finch

Cachilo de Antifaz *(Coryphaspiza melanotis)*

A male Black-masked Finch sings. Their population is in decline due to habitat loss and overgrazing.

Un Cachilo de Antifaz macho canta. La población de esta especie está disminuyendo debido a la pérdida de hábitat y el pastoreo excesivo.

Pampas Flicker

Carpintero de las Pampas
(Colaptes campestroides)

A Pampas Flicker family is perched on the highest tree top. This species is also known as the Field Flicker.

Una familia de Carpinteros de las Pampas está posada en la parte más alta de un árbol. A esta especie también se la conoce como Carpintero Campestre.

Black-Necked Swan

Cisne Cuellinegro *(Cygnus melancoryphus)*

A Black-necked Swan peers between the reeds in a seasonal wetland.

Un Cisne Cuellinegro se asoma entre los juncos de un humedal estacional.

Burrowing Owl

Lechucita Vizcachera (*Athene cunicularia*)

A curious Burrowing Owlet is attracted to the strange camera noises coming from the blind, where the photographer is hidden.

Una curiosa cría de Lechuza Vizcachera se siente atraída por los extraños ruidos de la cámara, que provienen de donde está escondida la fotógrafa.

Southern Crested Caracara

Carancho Común *(Caracara plancus)*

A Southern Crested Caracara stretches its wings while perched on the fencepost.

Un Carancho Común despliega las alas mientras está posado en un poste.

Yellow Cardinal

Cardenal Amarillo (*Gubernatrix cristata*)

 HIGH RISK - ALTO RIESGO

A male Yellow Cardinal forages in the grass. Trapping for the pet trade and increased habitat loss have put this species on the endangered list.

Un Cardenal Amarillo macho hurga en el pasto. Debido a la caza con trampas para el comercio de mascotas y a la creciente pérdida de hábitat, esta ave ha ingresado en la lista de especies en peligro de extinción.

Chestnut-Capped Blackbird

Turpial de Gorro Castaño

(Chrysomus ruficapillus)

The nest of a Chestnut-capped Blackbird in a seasonal wetland.

El nido de un Turpial de Gorro Castaño en un humedal estacional.

Savanna Hawk

Aguilucho Colorado
(Buteogallus meridionalis)

Savanna Hawks regularly perch on high treetops when hunting.

Los Aguiluchos Colorados suelen posarse en las copas de árboles altos cuando cazan.

Long-Tailed Meadowlark

Loica Común (*Sturnella loyca*)

The bright red breast of this male Long-tailed Meadowlark makes it impossible for him to hide in the grass.

A esta Loica Común macho le resulta imposible esconderse en el pasto por el color rojo brillante de su pecho.

Plains Viscacha

Vizcacha de las Pampas

(*Lagostomus maximus*)

A Plains Viscacha emerges from its burrow at sunset. It is mostly a nocturnal species.

Una Vizcacha de las Pampas sale de su madriguera al atardecer. Esta especie es principalmente nocturna.

Maned Wolf

Aguará Guazú *(Chrysocyon brachyurus)*

 **VULNERABLE - VULNERABLE**

The Maned Wolf is not a wolf at all. It is one of the tallest members of the canine (dog) family. There are superstitious people who believe that the wolves possess body parts with magical properties, and will kill a wolf needlessly in order to collect those parts.

El Aguará Guazú no es un lobo en absoluto. Es uno de los miembros más altos de la familia canina (perros). Hay personas supersticiosas que creen que algunas partes del cuerpo de los lobos tienen poderes mágicos, y los matan innecesariamente para obtener esas partes.

La Patagonia Costera

"...donde la tierra converge con el mar".

Coastal Patagonia

"...where land meets sea".

Dolphin Gull

Gaviota Gris *(Leucophaeus scoresbii)*

A Dolphin Gull carries kelp back to the colony where it will be used to build a nest; these colonies can be found on low cliffs, beaches or in marshy depressions.

Una Gaviota Gris lleva un alga marina a su colonia, donde la usará para construir un nido. Estas colonias pueden hallarse en acantilados bajos, playas o en depresiones pantanosas.

Southern Elephant Seal

Elefante Marino del Sur

(Mirounga leonina)

A juvenile Southern Elephant Seal visits the photographer as she photographs penguins; the seal stayed beside her for the rest of the afternoon.

Un joven Elefante Marino del Sur visita a la fotógrafa mientras toma fotos de pingüinos. El animal se quedó a su lado durante el resto de la tarde.

Blue-Eyed Cormorant

Cormorán Imperial *(Phalacrocorax atriceps)*

Blue-eyed Cormorants do not open their wings to dry as other cormorants do. They live in much colder temperatures and cannot afford to lose as much body heat as the others.

Los Cormoranes Imperiales no abren las alas para que se les sequen como lo hacen otros cormoranes. Viven en zonas cuya temperatura es mucho más baja y no pueden permitirse perder tanto calor corporal como los demás miembros de la especie.

Red-Legged Cormorant

Cormorán Gris (*Phalacrocorax gaimardi*)

A Red-legged Cormorant sits on its nest. The population is listed as threatened due to the birds getting entangled in fishery equipment, and an increase in the population of Kelp Gulls, its main predator.

Un Cormorán Gris está sentado sobre su nido. Esta población se considera amenazada porque los pájaros quedan atrapados en las redes de pesca y porque ha aumentado la población de Gaviotas Cocineras, su predador principal.

Orca

Orca *(Orcinus orca)*

This Orca, also known as the Killer Whale, is using its tail to play with kelp. Orcas are very social and are thought to be the second-most wide-ranging mammal species on the planet, after humans.

Esta Orca, también conocida como Ballena Asesina, está usando la cola para jugar con un alga marina. Las Orcas son muy sociales, y se cree que son la segunda especie de mamíferos con mayor distribución del planeta, después de los humanos.

King Penguin

Pingüino Rey *(Aptenodytes patagonicus)*

King Penguins are extremely wary of predators waiting for them off-shore. As a result, they are very careful about choosing the safest place to enter the surf.

Los Pingüinos Rey son sumamente cautelosos de los predadores que los acechan mar adentro. Por ello, son muy precavidos al escoger el lugar más seguro para entrar en el agua.

Burrowing Parrot

Loro Barranquero *(Cyanoliseus patagonus)*

A Burrowing Parrot pair rest at the entrance of their nesting burrow. This species is monogamous and both parents care for their young equally.

Una pareja de Loros Barranqueros descansa a la entrada de la madriguera donde se encuentra su nido. Esta especie es monógama, y ambos padres cuidan a sus crías por igual.

Turkey Vulture

Jote Cabeza Colorada (*Cathartes aura*)

A Turkey Vulture carefully cleans its feathers. Turkey Vultures have an extraordinary sense of smell, which is a unique ability among all birds.

Un Jote Cabeza Colorada se limpia las plumas con cuidado. Esta especie tiene un extraordinario sentido del olfato, lo cual es una habilidad singular entre todos los pájaros.

Black-Browed Albatross

Albatros de Ceja Negra
(Thalassarche melanophris)

VULNERABLE - VULNERABLE

A Black-browed Albatross sits on its nest. The species was classified as endangered for almost a decade, until 2013 when it was reclassified as threatened. Unfortunately, deaths related to human activities still occur as a result of longline and trawl fishing, especially in the South Atlantic.

Un Albatros Ceja Negra está sentado sobre su nido. Esta especie estuvo clasificada como en peligro de extinción durante casi 10 años, hasta que, en 2013, se la recategorizó como especie amenazada. Desafortunadamente, todavía existen muertes a causa de actividades humanas, como la pesca con palangre y de arrastre, sobre todo, en el Atlántico Sur.

Striated Caracara

Carancho Austral *(Phalcoboenus australis)*

A Striated Caracara in flight. In the early twentieth century, the Striated Caracara was considered a threat to livestock and was actively hunted until laws were made to protect it. Even today, the population remains relatively small due to its limited geographical range along the shores and islets off of southern Argentina and Chile.

Un Carancho Austral en vuelo. A principios del siglo XX, los Caranchos Australes se consideraban una amenaza para el ganado y se los cazó activamente hasta que se promulgaron leyes para protegerlos. Incluso en la actualidad, la población sigue siendo relativamente pequeña debido a su limitado ámbito geográfico a lo largo de las costas e islotes al sur de Argentina y Chile.

 VULNERABLE - VULNERABLE

Southern Elephant Seal

Elefante Marino del Sur *(Mirounga leonina)*

A Southern Elephant Seal pup scratches its head while considering the world from upside down.

Una cría de Elefante Marino del Sur se rasca la cabeza mientras observa el mundo al revés.

Chilean Skua

Escúa Común (*Stercorarius chilensis*)

The aggressive Chilean Skua will chase any human or animal that comes within its nesting territory.

La agresiva Escúa Común perseguirá a todo humano o animal que se acerque al territorio donde anida.

Southern Rockhopper Penguin

Southern Rockhopper Penguins hop along the beach. The worldwide population has undergone a severe decline—more than fifty-five percent between 1970 and 2000.

Los Pingüinos de Penacho Amarillo brincan en la playa. La población mundial ha sufrido un fuerte descenso, de más del 55 % entre 1970 y 2000.

Pingüino de Penacho Amarillo

(Eudyptes chrysocome)

 **HIGH RISK** - ALTO RIESGO

Magellanic Penguin

Pingüino Patagónico

(Spheniscus magellanicus)

 VULNERABLE - VULNERABLE

Magellanic Penguins are listed as a threatened species due to fluctuating populations in different parts of their range. Oil pollution and entanglement in fishing nets are two of the more common problems for the species.

Los Pingüinos Patagónicos se consideran una especie amenazada debido a la fluctuación de su población en diferentes áreas de su hábitat. Dos de los problemas más comunes que sufre esta especie son la contaminación por hidrocarburos y el atrapamiento en las redes de pesca.

Southern Giant Petrel

Petrel Gigante Antártico

(Macronectes giganteus)

A group of Southern Giant Petrels fight as they share a dead penguin for dinner. Like the Black-browed Albatross, petrels are often killed by longline and trawl fishing.

Un grupo de Petreles Gigantes Antárticos pelean al compartir un pingüino como cena. Al igual que el Albatros de Ceja Negra, los petreles a menudo mueren a causa de la pesca con palangre y de arrastre.

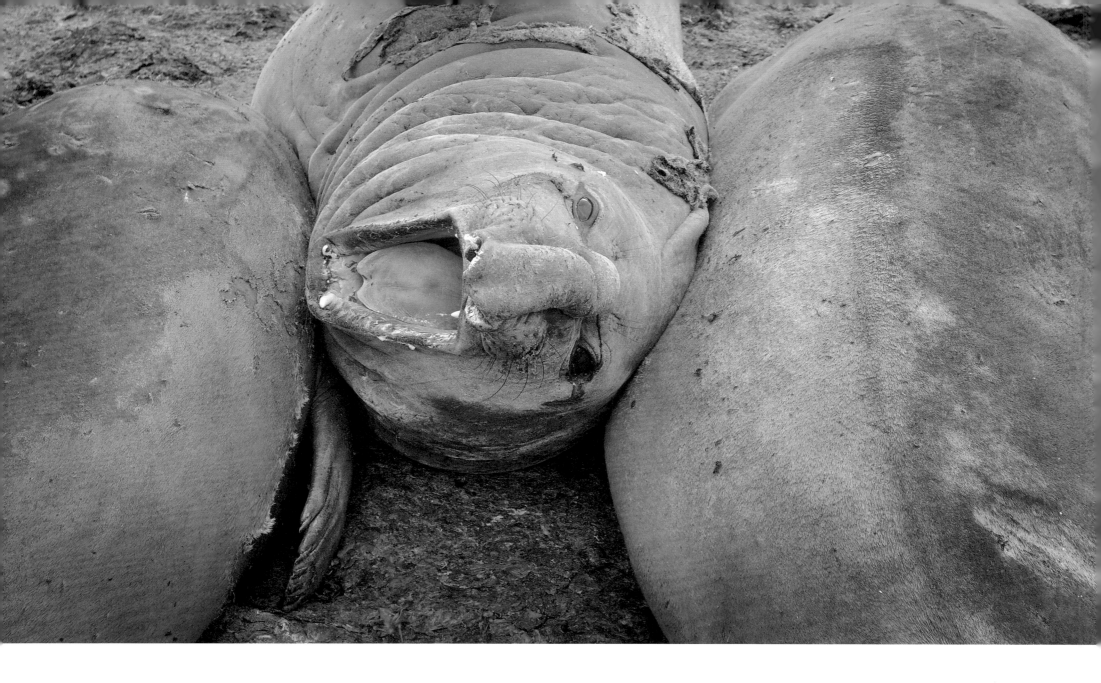

Southern Elephant Seal

Elefante Marino del Sur (*Mirounga leonina*)

A male Southern Elephant Seal yawns. The seals come ashore once a year in order to renew their outer layer of skin; this is called molting.

Un Elefante Marino del Sur macho bosteza. Los elefantes marinos se dirigen a la orilla una vez al año para renovar la capa más superficial de la piel, proceso conocido como muda.

Magellanic
Oystercatcher

Ostrero Magallánico
(Haematopus leucopodus)

A pair of Magellanic Oystercatchers mimic one another while dancing during courtship.

Un par de Ostreros Magallánicos se imitan, al bailar durante el cortejo.

Olrog's Gull

Gaviota Cangrejera *(Larus atlanticus)*

 VULNERABLE - VULNERABLE

Olrog's Gulls have a highly restricted range. More than ninety-eight percent of the total breeding population nests in the southern portion of the Buenos Aires province, not far from oil refineries, petrochemical industries, and plastic factories.

Las Gaviotas Cangrejeras habitan en un ámbito muy limitado. Más del 98 % de toda la población reproductiva anida en el sur de la provincia de Buenos Aires, cerca de refinerías petroleras, industrias petroquímicas y fábricas de plástico.

Gentoo Penguin

Pingüino de Vincha (*Pygoscelis papua*)

 **VULNERABLE - VULNERABLE**

Like all penguins, Gentoo Penguins are awkward on land but masterful underwater. The best way to help this near-threatened species is to minimize disturbance to breeding colonies and clean up pollution found in foraging areas.

Al igual que todos os pingüinos, los Pingüinos de Vincha son torpes en la tierra, pero sumamente hábiles debajo del agua. La mejor manera de ayudar a esta especie que casi se encuentra amenazada es reducir al mínimo las mo estias a las colonias reproductivas y limpiar la polución en las zonas donde buscan alimento.

Orca

Orca (*Orcinus orca*)

Orcas of the Valdés Peninsula are famous for their hunting strategy, which is not seen in other populations; they rush out of the sea and onto the beach to catch prey. Only a few individuals in this pod are capable of doing this, and they are mostly female.

Las Orcas de la Península de Valdés son famosas por su estrategia de caza, que no se ve en ninguna otra población; nadan rápidamente hacia la orilla para atrapar a su presa. Solo algunos pocos miembros de la manada pueden hacerlo, y la mayoría son hembras.

Antarctic Skua

Escúa Antártica (*Catharacta antarctica*)

An Antarctic Skua eats an egg stolen from a nearby penguin colony; the skuas are a constant threat to all nesting birds, but especially to penguins.

Una Escúa Antártica come un huevo que robó de una colonia de pingüinos cercana; las escúas representan una amenaza constante para todos los pájaros que anidan, pero especialmente, para los pingüinos.

Southern Elephant Seal

Elefante Marino del Sur (*Mirounga leonina*)

A Southern Elephant Seal female vocalizes with her beachmaster during breeding season; a beachmaster is a bull that has defeated all other bulls to control territory in breeding areas.

Un Elefante Marino del Sur hembra vocaliza con el macho dominante del harén durante la temporada de reproducción; el macho dominante es un elefante marino que ha derrotado a todos los otros machos y ha ganado el control del territorio en las áreas de reproducción.

Magellanic
Horned Owl

Búho Magallánico *(Bubo magellanicus)*

A Magellanic Horned Owl takes off from a low bush. This owl was once thought to be the same species, or a subspecies, of the Great Horned Owl in North America. Scientists now believe that the genetic distance between the two is large enough for classification as a separate species.

Un Búho Magallánico levanta vuelo desde un arbusto bajo. Antes se pensaba que este búho era de la misma especie que el Búho Real de América del Norte, o una subespecie de este. Los científicos ahora creen que la distancia genética entre ambos es lo suficientemente importante para clasificarlas como especies distintas.

Lesser Rhea

Choique *(Rhea pennata)*

A Lesser Rhea pauses while foraging in coastal grasses. The species is doing well overall, but humans put pressure on the birds through hunting, egg collection, and fragmentation of habitat.

Un Choique se detiene un momento mientras busca alimento en los pastos costeros. En general, la espec e no enfrenta mayores dificultades, pero los humanos ejercen presión sobre estas aves al cazarlas, al recolectar sus huevos y al fragmentar su hábitat.

Southern Right Whale

Ballena Franca Austral *(Eubalaena australis)*

A Southern Right Whale flukes (raises its tail) against a beautiful sunset. They were hunted extensively through the nineteenth century, and by the 1920s only a few hundred remained. After decades of efforts to protect them, the population is slowly increasing.

Una Ballena Franca Austral levanta la cola con un bello atardecer de telón de fondo. A estas ballenas se las cazó intensamente durante el siglo XIX, y, hacia los años veinte, solo quedaban algunos cientos de ejemplares. Después de décadas de iniciativas de protección, la población está creciendo lentamente.

Patagonian Crested Duck

Pato Crestón (*Lophonetta specularioides*)

A recently hatched Crested Duck forages for algae and marine kelp along the coastline. The species is widespread and the population is healthy.

Un Pato Crestón recién salido del cascarón busca algas marinas por la costa. Esta especie tiene una distribución amplia, y su población está prosperando.

Magellanic Penguin

Pingüino Patagónico

(Spheniscus magellanicus)

VULNERABLE - VULNERABLE

A Magellanic Penguin nestles, protected under its parent. Parents typically travel over 100 kilometers to hunt for food, and return to the same colony each year to raise their young, often to the same burrow they used the previous year.

Un Pingüino Patagónico se acurruca, protegido por uno de sus padres. Generalmente, los padres viajan más de 100 km en busca de alimento y regresan a la misma colonia cada año para criar a sus polluelos, con frecuencia a la misma madriguera que usaron el año anterior.

Desiertos y Tierras Secas

"...donde el agua es un tesoro".

Desert and Dry Lands

"...where water is precious."

Andean Condor

Cóndor Andino (*Vultur gryphus*)

 VULNERABLE - VULNERABLE

Silhouetted against a blue sky, an Andean Condor lowers its legs and prepares for landing. Researchers report that the population is declining in Ecuador, Peru, and Bolivia, but appears stable in northern Argentina.

Perfilado contra un cielo azul, un Cóndor Andino baja las patas y se prepara para aterrizar. Los investigadores informan que las poblaciones de Ecuador, Perú y Bolivia están en descenso, pero la población del norte de Argentina parece mantenerse estable.

South American
Gray Fox

Zorro Gris *(Lycalopex griseus)*

This is the silhouette of a stealthy South American Gray Fox. Although they can be found in a variety of habitats, they prefer shrubby open areas, especially for hunting.

Esta es la silueta de un sigiloso Zorro Gris. Aunque pueden hallarse en diferentes hábitats, prefieren los espacios abiertos con arbustos, sobre todo para cazar.

Chaco Golden Knee Tarantula

Tarántula Chaco (*Grammostola pulchripes*)

A male Chaco Golden Knee Tarantula stands in a defensive pose. This spider is native to Argentina, Uruguay, and Brazil, and is a popular species of tarantula that is bred and sold in pet stores.

Una Tarántula Chaco macho parada en posición defensiva. Esta araña es originaria de Argentina, Uruguay y Brasil, y es una especie popular de tarántula que se cría y vende en las tiendas de mascotas.

Black-Chested Buzzard-Eagle

Águila Mora (*Geranoaetus melanoleucus*)

A Black-chested Buzzard-eagle soars near the rock formation where it nests. These birds can be found living in a variety of habitats, including alpine steppes, mountains, grassy plains, and open woodlands.

Un Águila Mora planea cerca de la formación rocosa donde anida. Estos pájaros viven en diferentes hábitats, entre ellos, las estepas alpinas, las montañas, las llanuras cubiertas de pasto y los bosques abiertos.

South American Gray Fox

Zorro Gris (*Lycalopex griseus*)

It looks like this South American Gray Fox is laughing for the camera! These foxes help to control the exploding population of European Hare in South American countries. The hare was introduced in the 1800s and causes major damage to ecosystems and crops.

Da la impresión de que este Zorro Gris está sonriendo para la cámara. Estos zorros ayudan a controlar la creciente población de Liebres Europeas en los países de Sudamérica. La liebre se introdujo en el siglo XIX y causa un daño considerable a los ecosistemas y los cultivos.

Variable Hawk

Aguilucho Común *(Buteo polyosoma)*

An immature Variable Hawk in flight, also known as the Red-backed Hawk. This species is known for having several different feather variations (morphs), making it difficult to identify.

Un joven Aguilucho Común, también llamado Halcón Rojo, en pleno vuelo. A esta especie se la conoce por tener variaciones en las plumas (morfos), por lo que es difícil de identificar.

Puna Flamingo

Parina Chica *(Phoenicoparrus jamesi)*

 VULNERABLE - VULNERABLE

The Puna Flamingo is also known as the James's Flamingo. It was thought to be extinct after 1909, until an unknown population was discovered in 1956.

A la Parina Chica también se la conoce como Flamenco de James. Se creía que esta especie se había extinguido después del año 1909, hasta que se descubrió una población desconocida en 1956.

Southern Three-Banded Armadillo

Quirquincho Bola (*Tolypeutes matacus*)

Southern Three-banded Armadillo populations are threatened by habitat destruction, hunting, and collection for the pet trade. When cornered, the species will curl into a ball, which even strong-jawed predators are unable to break open.

Las poblaciones de Quirquinchos Bola están amenazadas por la destrucción del hábitat, la caza y el comercio de mascotas. Cuando se ve acorralada, la especie se enrolla formando una bola, que incluso predadores con mandíbulas fuertes no pueden romper.

⚠ VULNERABLE - VULNERABLE

Long-Tailed Meadowlark

Loica Común (*Sturnella loyca*)

The Long-tailed Meadowlark looks very similar to the Pampas Meadowlark; however, unlike the Pampas Meadowlark, the population is widespread and healthy.

La Loica Común se parece mucho a la Loica Pampeana; sin embargo, a diferencia de la Loica Pampeana, su población está extendida y saludable.

Puna Flamingo

Parina Chica *(Phoenicoparrus jamesi)*

Puna Flamingoes roost in a saline lake protected by UNESCO, situated at 4,240 meters above sea level.

Unas Parinas Chicas descansan en un lago salino protegido por la UNESCO, ubicado a 4240 m sobre el nivel del mar.

VULNERABLE - VULNERABLE

Guanaco

Guanaco (*Lama guanicoe*)

A young Guanaco nurses from its mother. Guanaco females have a gestation period of almost a full year– anywhere from 345 to 360 days.

Un Guanaco joven mama de su madre. Las hembras de esta especie tienen un período de gestación de casi un año, generalmente, de entre 345 y 360 días.

Patagonian Mara

Mara (*Dolichotis patagonum*)

VULNERABLE - VULNERABLE

The Patagonian Mara, also known as Patagonian Cavy or the Patagonian Hare, is one of two species of Mara, both are related to Guinea Pigs. They can be found in Argentina and parts of Chile.

La Mara, también conocida como Liebre Criolla o Liebre Patagónica, es una de dos especies de mara, ambas relacionadas con el cuy. Pueden hallarse en Argentina y en partes de Chile.

Burrowing Owl

Lechucita Vizcachera (*Athene cunicularia*)

An adult Burrowing Owl stands with its nestling. Burrowing Owls are found in open landscapes throughout North and South America.

Una Lechucita Vizcachera adulta de pie junto a su cría. Las Lechucitas Vizcacheras pueden hallarse en paisajes abiertos por toda América del Norte y del Sur.

Lesser Rhea

Choique *(Rhea pennata)*

Lesser Rhea are found in the Altiplano as well as Patagonia. They are found farther south than their relative, the Greater Rhea, with only a little bit of overlapping territory in-between.

Los Choiques se encuentran en el Altiplano y en la Patagonia. Habitan más al sur que su pariente, el Ñandú, y existe una pequeña superposición de sus territorios.

American Black Vulture

Jote Negro (*Coragyps atratus*)

The Black Vulture inhabits relatively open areas; they do not have a highly developed sense of smell like Turkey Vultures, so they will follow Turkey Vultures to find food.

El Jote Negro vive en espacios relativamente abiertos; su sentido del olfato no está tan desarrollado como el de los Jotes de Cabeza Colorada, por eso los siguen para encontrar alimento.

Giant Anteater

Oso Hormiguero Gigante

(Myrmecophaga tridactyla)

 **HIGH RISK - ALTO RIESGO**

The Giant Anteater has been extirpated from many parts of its former range—threats to its survival include habitat destruction, fire, and poaching for fur or food.

El Oso Hormiguero Gigante se lo ha desterrado de muchas zonas de su antiguo hábitat; entre las amenazas para su supervivencia, se encuentran la destrucción de su hábitat, los incendios y la caza furtiva para obtener su piel o para alimento.

Puma

Puma (*Puma concolor*)

Puma can be almost as large as Jaguars, but are less muscular and not as powerful. They are not currently listed as threatened, but researchers agree that the population is in decline. Major threats include habitat loss and a decrease in animals they depend on for food.

Los Pumas pueden ser casi tan grandes como los Yaguaretés, pero no son tan musculosos ni poderosos. En la actualidad, no se los considera una especie amenazada, pero los investigadores coinciden en que su población está disminuyendo. Entre las principales amenazas, se encuentran la pérdida de hábitat y una disminución de los animales de los cuales se alimentan.

Short-Eared Owl

Lechuza Campestre *(Asio flammeus)*

The Short-eared Owl is found on all continents except Antarctica and Australia; it has one of the most widespread distributions of any bird species.

La Lechuza Campestre se halla en todos los continentes, salvo en la Antártida y Australia; tiene una de las distribuciones más extendidas de todas las especies de aves.

Bosques y Arroyos

"...donde la vida está protegida".

Forest and Stream

"...where life is sheltered."

Geoffroy's Cat

Gato Montés Sudamericano

(Leopardus geoffroyi)

This portrait is of a captive Geoffroy's Cat. While this cat is plentiful in some countries, such as Bolivia, it is considered endangered in other regions, including southern Chile.

Este es el retrato de un Gato Montés Sudamericano cautivo. Aunque este felino abunda en algunos países como Bolivia, en otras regiones se lo considera en peligro de extinción, entre ellas, el sur de Chile.

Black-and-Gold Howler Monkey

Mono Aullador Negro y Dorado

(*Alouatta caraya*)

A male Black-and-gold Howler Monkey looks at the camera. Although this species' habitat is fragmented, populations can live in relatively small areas and disturbed forests.

Un Mono Aullador Negro y Dorado macho mira a la cámara. A pesar de que el hábitat de esta especie está fragmentado, sus poblaciones pueden vivir en áreas relativamente pequeñas y en bosques afectados.

Green-Barred Woodpecker

Carpintero Real (*Colaptes melanochloros*)

A Green-barred Woodpecker pauses in front of its nesting hole; the species has an extremely large range and the population is considered stable.

Un Carpintero Real descansa frente al hueco donde anida; esta especie tiene un hábitat muy extendido, y su población se considera estable.

Azara's Night Monkey

Marikiná de Azara (*Aotus azarae*)

The Azara's Night Monkey can be found in northern Argentina, Bolivia, central Brazil, Paraguay and far southeastern Peru. They are largely nocturnal except in the Gran Chaco, where they are reported to be active both night and day.

El Marikiná de Azara puede hallarse en el norte de Argentina, Bolivia, el centro de Brasil, Paraguay y el extremo sudeste de Perú. Son principalmente nocturnos, excepto en el Gran Chaco, donde se los ha visto activos durante el día y la noche.

Crab-Eating Fox

Zorro Cangrejero *(Cerdocyon thous)*

The Crab-eating Fox develops monogamous relationships. The population can be found in many diverse environments, with the exception of rainforests, high mountains, and open savannas.

El Zorro Cangrejero establece relaciones monógamas. La población puede hallarse en muchos medioambientes diversos, a excepción de las selvas tropicales, las altas montañas y las sabanas abiertas.

Common Barn Owl

Lechuza de Campanario *(Tyto alba)*

The Common Barn Owl is the most widely distributed of all owl species. They can be found almost everywhere in the world, except the polar regions.

La Lechuza de Campanario es la especie de búho con mayor distribución. Puede encontrarse en casi todo el mundo, a excepción de las regiones polares.

Blue-Crowned Parakeet

Calancate Común
(Psittacara acuticaudatus)

A Blue-crowned Parakeet chews on the flowers of a pink lapacho tree. These birds inhabit savannas, woodlands, and forest margins, while staying away from dense, humid forests.

Un Calancate Común está comiendo las flores de un lapacho rosado. Estas aves habitan en las sabanas, los bosques y las márgenes de los bosques, pero evitan las selvas espesas y húmedas.

Common Vampire Bat

Vampiro Común *(Desmodus rotundus)*

A Common Vampire Bat flies within the tree where it roosts, while other members of the colony hang from above. Colonies typically range from 20 to 100 individuals, although colonies with up to 5,000 individuals have been reported.

Un Vampiro Común vuela en el interior del árbol donde descansa, mientras otros miembros de la colonia cuelgan boca abajo. Generalmente, las colonias tienen entre 20 y 100 individuos, aunque se han registrado colonias de hasta 5.000 integrantes.

Puma

Puma *(Puma concolor)*

A solitary Puma cleans its fur. There are six subspecies of Puma, five of which are found solely in Latin America. Puma are hunted legally as well as illegally in both North and South America.

Un Puma solitario se limpia el pelaje. Existen seis subespecies de Puma, cinco de las cuales solo se encuentran en Latinoamérica. Se caza a los Pumas legal e ilegalmente, tanto en América del Norte como en América del Sur.

Fasciated
Tiger-Heron

Hocó Oscuro (*Tigrisoma fasciatum*)

The Fasciated Tiger-heron hunts along rivers while standing on rocks or near the shore.

Los Hocós Oscuros cazan en los ríos, parados sobre rocas o cerca de la orilla.

Giant Anteater

Oso Hormiguero Gigante

(Myrmecophaga tridactyla)

 HIGH RISK - ALTO RIESGO

The Giant Anteater can be found in multiple habitats. These animals prefer to forage in open areas, and rest in more forested areas. Habitat loss, roadkills, hunting, and wildfires are major threats to current populations.

El Oso Hormiguero Gigante puede encontrarse en múltiples hábitats. Prefieren buscar alimento en áreas abiertas y descansar en zonas más arboladas. Las principales amenazas para las poblaciones actuales son la pérdida de hábitat, los impactos de automóviles, la caza y los incendios forestales.

Spectacled Owl

Lechuzón Mocho Grande

(Pulsatrix perspicillata)

A Spectacled Owl flies directly over the photographer. The species is commonly found in rainforests as well as dry forests.

Un Lechuzón Mocho Grande vuela directamente por encima de la fotógrafa. Es común encontrar esta especie en las selvas tropicales, así como en los bosques secos.

Black Hawk-Eagle

Águila Crestuda Negra *(Spizaetus tyrannus)*

A captive Black Hawk-eagle watches a mosquito intently. This bird lives in a wildlife rehabilitation center after being permanently injured by a car. This species prefers lowland forest habitat, although individuals are found in tropical and deciduous forests as well.

Un Águila Crestuda Negra cautiva mira atentamente a un mosquito. Esta ave vive en un centro de rehabilitación de vida silvestre, después de que un automóvil le causara una lesión permanente. El hábitat preferido de esta especie son los bosques de tierras bajas, aunque también pueden encontrarse en selvas tropicales y bosques de árboles de hoja caduca.

Gilded Sapphire

Picaflor Bronceado *(Hylocharis chrysura)*

A Gilded Sapphire sits on a nest made of lichen and spiderwebs. The species can be found in open areas, as well as in forest edges.

Un Picaflor Bronceado está sentado sobre un nido hecho de líquenes y telarañas. Esta especie puede encontrarse en espacios abiertos, así como en las márgenes de los bosques.

Dusky-Legged Guan

Pava de Monte Común *(Penelope obscura)*

The Dusky-legged Guan does its part for conservation; it eats the fruit and flowers of various tree species, including endangered palms, and then disperses the seeds into other locations after digestion.

La Pava de Monte Común contribuye a la conservación; come frutas y flores de varias especies de árboles, incluidas las palmeras, que están en peligro de extinción, y luego dispersa las semillas en otros sitios después de la digestión.

Magellanic
Woodpecker

Carpintero Magallánico

(Campephilus magellanicus)

A male Magellanic Woodpecker is perched on a tree. Magellanic Woodpeckers inhabit mature Nothofagus forests, where they feed mainly on grubs, beetles, and spiders.

Un Carpintero Magallánico macho se posa en un árbol. Los Carpinteros Magallánicos habitan en bosques de lengas maduras, donde se alimentan principalmente de larvas, escarabajos y arañas.

Austral
Pygmy Owl

Caburé Grande *(Glaucidium nana)*

The Austral Pygmy Owl is found in Argentina and Chile. This owl's preferred habitat is temperate forest.

El Caburé Grande se encuentra en Argentina y Chile. La especie prefiere habitar en bosques templados.

Neotropical River Otter

Lobito de Río (*Lontra longicaudis*)

 VULNERABLE - VULNERABLE

The Neotropical River Otter prefers to be in clear, fast-moving streams. Heavy hunting for its fur in the mid-1900s resulted in localized extinction within the otter's range.

El Lobito de Río prefiere los arroyos transparentes y rápidos. La intensa cacería para obtener su piel a mediados del siglo XX causó la extinción localizada dentro del hábitat de la especie.

South American Gray Fox

Zorro Gris (*Lycalopex griseus*)

The South American Gray Fox is highly adaptable and can be found in a variety of habitats, such as arid Argentine uplands and Patagonian steppes, as well as the forests of southernmost Chile.

El Zorro Gris tiene una gran capacidad de adaptación y se puede hallar en una variedad de hábitats, como los montes áridos en las tierras altas de Argentina, las estepas patagónicas y los bosques del extremo sur de Chile.

Red Deer

Ciervo Colorado (*Cervus elaphus*)

The Red Deer is an exotic (introduced) species in South America. It competes with native species, such as the endangered Huemul (South Andean Deer), for territory as well as food. Unfortunately, Red Deer eat vegetation in such a way that regrowth is difficult. This causes significant changes to ecosystems.

El Ciervo Colorado es una especie exótica (introducida) en Sudamérica. Compite por alimento y territorio con especies nativas, como el Huemul (Ciervo Sur Andino), que está en peligro de extinción. Desafortunadamente, los Ciervos Colorados comen la vegetación de manera tal que se dificulta el rebrote. Esto causa cambios significativos en los ecosistemas.

Red Brocket

Corzuela Colorada (*Mazama americana*)

The Red Brocket is a species of deer. They are generally solitary and prefer to live in dense forest.

La Corzuela Colorada es una especie dentro de los ciervos. Por lo general, son solitarias y prefieren vivir en bosques espesos.

Southern Tamandua

Oso Melero (*Tamandua tetradactyla*)

A young Southern Tamandua, also known as the Lesser Anteater, searches an old tree stump for insects. In southern South America, they can be found in the wet and dry forests of Bolivia, Brazil, and Argentina.

Un joven Oso Melero, también conocido como oso Hormiguero Amazónico, busca insectos en el tocón de un viejo árbol. En el sur de Sudamérica, este animal puede encontrarse en los bosques húmedos y secos de Bolivia, Brasil y Argentina.

Austral Parakeet

Cachaña (*Enicognathus ferrugineus*)

The Austral Parakeet, also known as the Austral Conure, is found on the southern tip of South America, farther south than any other parrot species.

La Cachaña, también conocida como Cotorra Austral, puede encontrarse en el extremo sur de Sudamérica, más al sur que cualquier otra especie de loro.

What can I do to help?

Our species, *Homo sapiens*, has existed on Earth for about 100,000 years. We are the only species with the ability to modify the planet so significantly that we affect the lives of every other species here. This is an astounding fact. History and pre-history have demonstrated that when the world changes faster than species can adapt, those species disappear from Earth forever. We are changing the world so rapidly that our earthly co-inhabitants are struggling to keep up.

So, if we are the strongest and wisest species on the planet, why don't we help to protect any life form in need, as we would a dependent human? No one questions that we possess the power to choose success or failure for the majority of species living with us on our planet. What's going on?

I believe that every human is born with a sense of wonder and an attraction to all things natural. This connection either develops into an ecological conscience or is forgotten as we mature. Aldo Leopold was one of the first to write about an ecological conscience, "a common sense of what is right and wrong when it comes to how we relate to land". He was the first to write about the inherent contradiction in the conservation movement: self-interest. He saw the natural world as valuable in its own right, not simply valuable to humans. "There are some who can live without wild things, and some who cannot," Leopold wrote.

I believe we are all connected to the natural world from birth. It is our heritage. I have yet to meet a child who does not experience a deep sense of wonder, adventure, and inspiration when exploring in nature. This is especially true when that child is led by an enthusiastic guide who teaches the secrets, connections, and behaviors of that world.

Unfortunately, an increasing number of children are growing up with little or no connection to the natural world. They rarely go outside. They play, learn, and communicate electronically. In addition, adults are increasingly uninterested in or afraid of nature. How do we continue to preserve the beauty and diversity of species and ecosystems in this kind of world? It's a huge undertaking, right? Well, as with all things, the journey must start somewhere. Why not with you and me? Those of us who know we cannot live without wild things must inspire those who believe they can. You need not invest a lot of time. Simply remind people of the visual and emotional gifts that come from our natural world, or share the wonder and excitement with a child. Demonstrate how nature and wildlife have the power to calm, soothe, amuse, sadden, and even heal us. Help people to connect or re-connect with an inspiration that unfolds from a deep and unconscious place. It's the least we can do, and it may prove to be the most effective thing we can do.

I hope these images, which share the beauty of the unique wildlife in countries such as Argentina, Brazil, Bolivia, and Chile, have rekindled your emotional connection to wildlife, and that they inspire you to want to learn more. Perhaps, by reading the captions you have learned about issues that threaten certain species or you have learned of species successfully brought back from threatened or endangered status. Perhaps, seeing a glimpse of life behind the camera has excited your sense of purpose and adventure. If even one person experiences any of the above and is motivated as a result, then all of my effort, and the efforts of the National Parks Foundation (FPN) of Argentina, will be meaningful and worthwhile.

Laura Crawford Williams

¿Qué puedo hacer para ayudar?

Nuestra especie, *Homo sapiens*, ha existido en la Tierra durante unos 100.000 años. Somos los únicos con la capacidad de modificar el planeta de forma tal que afectamos la vida de todas las demás especies que viven aquí. Esa es una realidad asombrosa. La historia y la prehistoria demostraron que, cuando el cambio del mundo es más rápido que la capacidad de adaptación de las especies, estas desaparecen para siempre de la faz de la Tierra. Estamos cambiando el mundo con tanta rapidez que nuestros cohabitantes están luchando por sobrevivir.

Entonces, si somos la especie más fuerte y sabia del planeta, ¿por qué no protegemos a todos los seres vivos que necesitan ayuda, tal como ayudaríamos a un ser humano que depende de nosotros? Nadie cuestiona que tenemos el poder de elegir el éxito o el fracaso de la mayoría de las especies que conviven con nosotros. ¿Qué está pasando?

Creo que todos los seres humanos nacemos con un sentido de asombro y una atracción por todo lo natural. Esta conexión se transforma en conciencia ecológica, o se olvida a medida que crecemos. Aldo Leopold fue uno de los primeros en escribir sobre la conciencia ecológica: "un sentido común sobre lo que es correcto e incorrecto respecto de cómo nos relacionamos con la tierra". Fue el primero en escribir acerca de la contradicción inherente del movimiento conservacionista: el interés propio. Percibió al mundo natural como valioso en sí mismo, no simplemente valioso para los humanos. "Hay personas que pueden vivir sin seres salvajes, y otras que no", escribió Leopold.

Creo que todos estamos conectados con el mundo natural desde que nacemos. Es nuestra herencia. Todavía no conocí a un niño que no experimente un profundo sentido de asombro, aventura e inspiración al explorar la naturaleza. Esto es cierto, sobre todo, cuando el niño tiene un guía que le enseña con entusiasmo los secretos, las conexiones y los comportamientos de ese mundo.

Por desgracia, cada vez más niños crecen con una conexión escasa o nula con el mundo natural. Rara vez salen al aire libre. Juegan, aprenden y se comunican electrónicamente. Además, los adultos tienen cada vez menos interés por la naturaleza, o le tienen más miedo. ¿Cómo podemos continuar conservando la belleza y la diversidad de especies y ecosistemas en este tipo de mundo? Es una tarea enorme, ¿verdad? Bueno, como ocurre con todo, el viaje debe comenzar en algún lugar. ¿Por qué no contigo y conmigo? Los que sabemos que no podemos vivir sin los seres salvajes debemos inspirar a los que creen que sí pueden. No es necesario invertir mucho tiempo. Simplemente, recuérdales a las personas los regalos visuales y emocionales que nos ofrece nuestro mundo natural, o comparte el asombro y entusiasmo con un niño. Demuestra cómo la naturaleza y la vida silvestre tienen el poder de calmarnos, tranquilizarnos, entretenernos, entristecernos y hasta sanarnos. Ayuda a las personas a conectarse o reconectarse con una inspiración que surge desde un lugar profundo e inconsciente. Es lo menos que podemos hacer, y podría resultar lo más eficaz que podamos hacer.

Ojalá estas imágenes, que muestran la belleza de la excepcional vida silvestre de países como Argentina, Brasil, Bolivia y Chile, hayan reavivado tu conexión emocional con la naturaleza y te inspiren a querer saber más. Quizás, al leer las leyendas de cada foto, hayas aprendido sobre los problemas que amenazan a determinadas especies o sobre la recuperación exitosa de especies que habían estado amenazadas o en peligro de extinción. Tal vez, al dar un vistazo a la vida detrás de la cámara, se haya avivado tu sentido de determinación y aventura. Si tan solo una persona experimenta algo de eso y, como resultado, se siente motivada, todos mis esfuerzos y los de la Fundación Parques Nacionales (FPN) de Argentina habrán tenido sentido y valido la pena.

Laura Crawford Williams

Between Frames

Entre Fotogramas

The roof of our vehicle was a great place to photograph birds as they flew overhead. On this particular evening, we were photographing Blue and Yellow, Scarlet, and Blue-Throated Macaws as they returned to their evening roost in northern Bolivia.

El techo de nuestro vehículo fue un excelente lugar para fotografiar a las aves en vuelo. En esta tarde en particular, estábamos tomando fotos de Guacamayos Azules y Amarillos, Escarlatas y Barbazules que regresaban a sus sitios de descanso en el norte de Bolivia.

Many unique species, such as this Southern Tamandua, die while attempting to cross busy roads. We found this animal on Route 86 in the Formosa Province of Argentina.

Muchas especies únicas, como este Oso Melero, mueren al intentar cruzar las carreteras con mucho tráfico. Hallamos este animal en la ruta 86 en la provincia de Formosa, en Argentina.

In 2009, Kris and Doug Tompkins of Tompkins Conservation invited us to photograph Valle Chacabuco, near Coyhaique, Chile. They purchased the 170,500 acre estancia with plans of adjoining neighboring lands in Argentina and Chile, in order to create the first international park in Patagonian lands. Part of their dream came true in 2013, when Argentina was the first to legally recognize Patagonia National Park.

En 2009, Kris y Doug Tompkins, de la compañía Tompkins Conservation, nos invitaron a fotografiar el Valle Chacabuco, cerca de Coyhaique, Chile. Habían comprado una estancia de 170.500 acres y tenían planes de agrupar las tierras vecinas de Argentina y Chile para crear el primer parque internacional en tierras patagónicas. En 2013, parte de ese sueño se hizo realidad, cuando la Argentina fue el primer país en reconocer jurídicamente el Parque Nacional Patagonia.

Marcos García Rams and German Ambrosetti feed an injured Yellow Anaconda at San Juan de Poriahú en Esteros del Iberá, Argentina.

Marcos García Rams y Germán Ambrosetti alimentan a una Anaconda Amarilla herida en San Juan de Poriahú, en los Esteros del Iberá, Argentina.

While traveling on a dusty road in northeastern Argentina, a very old woman asked if we could give her a ride. She told us she was a goat herder and had been walking for hours. While talking with her, she suddenly backed away from the vehicle pointing at our logo saying, "Gato malo, gato malo," repeatedly. It took us a minute to realize she was pointing at the Jaguar image in our logo. After that, she refused to talk or come near us. While there are no Jaguar living near La Poma, there are many Puma. Unfortunately, Puma occasionally prey on goats so, for her, any big cat was a bad cat.

Mientras conducíamos por un camino polvoriento en el noreste de Argentina, una mujer muy anciana nos preguntó si podíamos llevarla. Nos contó que era pastora de cabras y que había estado caminando durante muchas horas. Mientras conversábamos con ella, de repente se alejó de nuestro vehículo, señalando nuestro logo y diciendo repetidamente: "Gato malo, gato malo". Tardamos unos minutos en entender que estaba hablando de la imagen del Yaguareté en nuestro logo. Después de eso, no quiso hablar ni acercarse a nosotros. Aunque no hay Yaguaretés en las cercanías de La Poma, sí hay muchos Pumas. Desafortunadamente, en ocasiones los Pumas atacan a las cabras, por eso, para ella, todos los gatos grandes eran gatos malos.

In the Iberá wetlands of northeastern Argentina, the Conservation Land Trust—under the guidance of Tompkins Conservation—is attempting to bring back extirpated species, such as the Giant Anteater. This juvenile Giant Anteater was being fed milk by Tompkins volunteers. The first of this reintroduced population were released in 2007; since that time, the population has flourished. After many decades of absence, Giant Anteaters have finally returned to the wilds of Corrientes!

En los Esteros del Iberá, en el noreste de Argentina, The Conservation Land Trust, con el asesoramiento de Tompkins Conservation, está tratando de restituir especies desaparecidas, como el Oso Hormiguero Gigante. Los voluntarios de Tompkins le estaban dando leche a este joven Oso Hormiguero Gigante. Los primeros ejemplares de esta población reintroducida fueron liberados en 2007; desde ese momento, la población ha crecido. Después de muchas décadas de ausencia, los Osos Hormigueros Gigantes por fin han regresado a los entornos naturales de Corrientes.

German sat on this lonely beach in the Falkland Islands (Las Malvinas) in order to record images of King Penguins as they returned to sea.

Germán se sentó en esta playa solitaria en las Islas Malvinas (Falkland Islands) para grabar imágenes de los Pingüinos Rey regresando al mar.

You can't control the weather! A surprise blizzard hit us on a remote part of Route 40 in southern Argentina. It started in the late afternoon when we were far from civilization. We were still driving in white-out conditions, after dark, when we found three other vehicles on the snow-covered track. Two of the trucks had snow plows attached, but even they were stuck. We all worked together to keep each other going until we could find shelter from the storm. This photo was taken the next morning—it was still very, very cold.

¡Las condiciones climáticas no pueden controlarse! Una tormenta de nieve nos tomó por sorpresa en una parte remota de la ruta 40, en el sur de Argentina. Empezó a última hora de la tarde, cuando estábamos lejos de la civilización. De noche, seguíamos conduciendo sin poder ver bien, cuando encontramos otros tres vehículos en el camino cubierto de nieve. Dos de las camionetas tenían palas quitanieves, pero incluso esas se habían quedado atascadas. Trabajamos todos juntos para ayudarnos a seguir adelante hasta que pudimos encontrar refugio contra la tormenta. Esta foto fue tomada a la mañana siguiente; todavía hacía mucho, mucho frío.

We spotted this young Guanaco while driving—she was caught in a fence on the side of the road. Unfortunately, it is very common to find dead Guanaco caught in fences, still hanging where they had slowly starved to death. Fortunately for this Guanaco, Jorge Cazenave was able to carefully move wires and set her free. Uninjured, she ran away kicking and jumping with great enthusiasm.

Encontramos esta joven Guanaco mientras conducíamos; estaba enredada en un alambrado a un lado del camino. Desafortunadamente, es muy común hallar Guanacos muertos enredados en los alambrados, aún colgados donde murieron lentamente de hambre. Por suerte para esta Guanaco, Jorge Cazenave logró mover con cuidado los alambres y liberarla. Ilesa, salió corriendo, dando patadas y saltando con mucho entusiasmo.

I love taking pictures of wildlife in the snow— a little snow is perfect; a lot of snow is a challenge. Getting stuck in the snow isn't unusual for us, but this particular extraction in Chile was uniquely difficult.

Me encanta tomar fotos de la naturaleza en la nieve; un poco de nieve es ideal, mucha nieve es un problema. Quedar atascados en la nieve no es algo extraño para nosotros, pero esta extracción particular en Chile fue excepcionalmente difícil.

We spent an incredible afternoon with two Puma in Torres del Paine National Park, Chile. This image was taken during one of my very favorite moments in more than twelve years of photographing wildlife. It's almost impossible to move undetected by wary animals in this landscape, so moving slowly and carefully, while remaining completely visible, is usually the best option. These two animals were completely accepting of our presence and gave us the gift of watching them sleep, groom, play, and hunt, for hours. Our incredible guide, Roberto Donoso Berrios, can be seen in the background of this photo.

Pasamos una tarde increíble con dos Pumas en el Parque Nacional Torres del Paine, en Chile. Esta imagen se tomó durante uno de mis momentos predilectos en más de 12 años fotografiando la vida silvestre. Es casi imposible moverse sin ser detectado por los recelosos animales en este paisaje; por lo tanto, moverse despacio y con cuidado, permaneciendo a plena vista, es generalmente la mejor opción. Estos dos animales aceptaron por completo nuestra presencia y nos dieron la oportunidad única de verlos dormir, limpiarse, jugar y cazar durante horas. Nuestro increíble guía, Roberto Donoso Berrios, puede verse en el fondo de esta foto.

A family of Patagonian Hog-Nosed Skunks happily wandered by us as we worked on La Meseta del Lago Buenos Aires in Argentina. On this project, we recorded the abundant variety of habitats, and species of flora and fauna, for the promotion of Patagonia National Park.

Una familia de Zorrinos Patagónicos se paseó alegremente a nuestro lado mientras trabajábamos en la meseta del Lago Buenos Aires, en Argentina. En este proyecto, grabamos la abundante variedad de hábitats y especies de flora y fauna para la promoción del Parque Nacional Patagonia.

Santiago Busch Frers, Marty Vanderploeg, German Ambrosetti, and Jeff Trom, paused for a photo while crossing through the Andean mountains from San Carlos de Bariloche, Argentina, into Chile, as they searched for unique wildlife to photograph and beautiful scenery to explore. They were also fortunate to have spent time with a lovely gaucho family that has been living in the mountains for generations.

Santiago Busch Frers, Marty Vanderploeg, Germán Ambrosetti y Jeff Trom hicieron una pausa para tomarse una foto mientras cruzaban las montañas andinas desde San Carlos de Bariloche, en Argentina, hasta Chile, buscando animales salvajes singulares para fotografiar y paisajes hermosos para explorar. También tuvieron la suerte de pasar algún tiempo con una familia de gauchos encantadores, que han vivido en las montañas por generaciones.

Building blinds out of natural resources such as branches and shrubs, found in the area where you are working, is ideal for wildlife photography. But, don't be surprised if cattle or deer destroy them while you are away. Unfortunately, even camouflaged blinds are not foolproof; they are also susceptible to destruction by curious cattle, wild pigs, and deer.

Construir escondites a partir de recursos naturales como ramas y matas de la zona donde uno está trabajando es ideal para fotografiar la vida silvestre. Pero no hay que sorprenderse si el ganado o algún venado los destruyen mientras uno no está. Desafortunadamente, ni siquiera los escondites camuflados son infalibles; también son susceptibles de ser destruidos por el ganado, los cerdos salvajes o los venados que se acercan por curiosidad.

These Yacare Caimans were some of the largest I had ever seen. One three-legged individual kept sneaking up behind me as I photographed the others. That's what happens when your partner abandons you to take a break, leaving you alone to fend for yourself!

Estos Caimanes fueron unos de los más grandes que haya visto. Un ejemplar con solo tres patas, en reiteradas ocasiones, se acercó a mí sigilosamente, por detrás, sin que me diera cuenta, mientras fotografiaba a los otros. Eso es lo que ocurre cuando tu compañero te abandona para descansar, y debes arreglártelas solo.

German is seen here with our friend and helper, Gonzalo Poodts, at Abra del Acay in Argentina. This is the highest geological point on Route 40, near La Poma in the Salta Province. It is 16,312 feet (4,972 meters) in altitude. Walking against the ridiculously strong high-altitude winds took all of my breath and strength. German held onto one side of my tripod while I held onto the other, just to keep me from blowing away. Notice the Frontera logo on the top left of the sign—we had been there before.

Aquí vemos a Germán con nuestro amigo y ayudante, Gonzalo Poodts, en Abra del Acay, Argentina. Este es el punto geológico más alto de la ruta 40, cerca de La Poma, en la provincia de Salta. Queda a 16.312 pies (4.972 m) de altura. Caminar contra los fuertes vientos que soplan a gran altitud me dejó sin aliento ni fuerzas. Germán se sujetó a un lado de mi trípode, mientras yo me agarraba del otro, solo para evitar salir volando. Puede observarse el logo de Frontera en la parte de superior izquierda del cartel; no era nuestra primera vez ahí.

Having bird, mammal, and other identification materials with you in the field is more important than you might expect, especially when you are going to new places. You can only do so much preparation before a trip and you never know what you will see. Books are heavy and hard to carry, but guides are now available in electronic format. You can put them or your phone or tablet, which is so much lighter, but you still need to make sure the battery stays charged.

Contar con material para identificar aves, mamíferos y otros seres cuando estás en el campo es más importante de lo que uno piensa, sobre todo al visitar lugares nuevos. Los preparativos que se pueden hacer antes de un viaje son limitados, y nunca se sabe lo que se va a ver. Los libros son pesados y difíciles de llevar, pero ahora las guías están disponibles en formato electrónico. Es posible cargarlas en el teléfono o tableta, lo cual resulta mucho más liviano, pero hay que asegurarse de que la batería se mantenga cargada.

Here we are changing another one of our frequently experienced flat tires. We had so many! It was truly unusual if we didn't have at least one per trip. Our poor Frontera vehicle navigated the worst roads, paths, waterways, and terrain, all across southern South America.

Aquí estamos cambiando una de nuestras llantas desinfladas, un incidente frecuente. ¡Fueron tantos! Era realmente raro que no nos pasara por lo menos una vez en cada viaje. Nuestro pobre vehículo de Frontera ha transitado las peores carreteras, caminos, vías fluviales y terrenos de todo el sur de Sudamérica.

German holds a baby Yacare Caiman. Our field ethics require that we do not intervene with wildlife unless negative circumstances were caused by human intervention, or we are working under the direct supervision of scientists and researchers. This little guy needed help getting back to his mother after a tour guide removed him from his family to show off for tourists nearby.

Germán sostiene un Caimán bebé. Nuestra ética de campo no nos permite intervenir en la vida silvestre a no ser que la intervención humana haya causado circunstancias negativas, o que estemos trabajando bajo la supervisión directa de científicos e investigadores. Este pequeñín necesitaba ayuda para volver con su mamá luego de que un guía de turismo lo separara de su familia para lucirse ante unos turistas que estaban cerca.

Once, when we were crossing into Chile, a border guard decided to have his dog search our vehicle. We had been traveling for weeks in multiple locations, and the vehicle was a mess—full of gear, food, and belongings. The guard commanded his dog to jump into the truck three different times and each time the dog would jump in, turn around, and immediately jump out. I don't know which odor was more offensive, but the dog wanted no part of any of it. Eventually, the guard gave up and let our smelly vehicle pass.

Una vez, cuando cruzábamos la frontera hacia Chile, un guardia fronterizo decidió que su perro revisara nuestro vehículo. Habíamos estado viajando durante semanas por varios lugares, y el vehículo era un desorden: estaba lleno de equipos, comida y pertenencias. El guardia ordenó al perro subir a la camioneta tres veces, y cada vez que el perro saltaba hacia el interior, se daba vuelta y de inmediato saltaba hacia afuera. No sé cuál era el olor más desagradable, pero el perro no quería saber nada. Al final, el guardia se dio por vencido y nos dejó pasar en nuestra camioneta apestosa.

Downloading, editing, keywording, filing, and backing up are the not-so-fun responsibilities of professional photography. You must identify any new species and record other data, such as location, habitat, and behavior. All of these things are done after very long days and evenings in the field.

Descargar, editar, archivar, definir palabras clave y hacer copias de seguridad de todas las fotos son las responsabilidades no tan divertidas de la fotografía profesional. Luego hay que identificar cualquier especie nueva y registrar otros datos, tales como ubicación, hábitat y comportamiento. Todas esas tareas se hacen después de extensas jornadas diurnas o nocturnas de trabajo en el campo.

People hear our stories and often romanticize the idea of photographic adventures. They don't imagine the pain we feel after hours spent in a tiny blind, or carrying heavy gear while hiking for hours in the mountains. The very physical work begins well before sunrise, ends far after sunset, and may continue for days, if not weeks.

Las personas escuchan nuestras historias y, a menudo, idealizan las aventuras fotográficas. No imaginan los dolores que tenemos después de pasar horas metidos en un escondite pequeñito, o cargando equipos pesados mientras caminamos por las montañas durante horas. El trabajo físico empieza mucho antes de la madrugada y termina mucho después del atardecer, y esto puede continuar durante días o hasta semanas.

German and I hold an injured Yellow Anaconda that was found by gauchos in Esteros del Iberá. The estancia owner, Marcos García Rams, has been involved in wildlife rehabilitation for many years. He helped nurse this Anaconda back to health and then released it back into the wild.

Germán y yo sostenemos una Anaconda Amarilla herida que unos gauchos encontraron en los Esteros del Iberá. El dueño de la estancia, Marcos García Rams, ha trabajado para la rehabilitación de animales silvestres durante muchos años. Él ayudó a que esta anaconda recobrara su salud antes de soltarla nuevamente a la naturaleza.

© Edwin Harvey

This image was taken in southern Patagonia after a three-and-a-half-hour horseback ride in cold, heavy rain. Our unhappy faces were the result of knowing we had at least one more hour to go before reaching our final destination. We were very cold, so we stopped to make a fire but none of us had a lighter or matches. Unbelievably, a group of gauchos arrived and were kind enough to give us a lighter. We were literally in the middle of nowhere and so thankful to see those gauchos! After that trip, every one of us now carries multiple lighters in our gear.

Esta imagen se tomó en el sur de la Patagonia después de tres horas y media de cabalgata bajo una lluvia fuerte y fría. Nuestras caras de descontento se deben a que sabíamos que todavía nos faltaba, por lo menos, una hora para llegar a nuestro destino final. Teníamos mucho frío, por eso paramos para encender una fogata, pero ninguno de nosotros tenía un encendedor ni fósforos. Afortunadamente, nos encontramos con un grupo de gauchos que fueron muy amables y nos prestaron un encendedor. Estábamos, literalmente, en el medio de la nada y agradecimos mucho encontrarnos con esos gauchos. Luego de ese viaje, todos llevamos varios encendedores en nuestro equipaje.

© Edwin Harvey

The Frontera team was fortunate to have worked with the Hooded Grebe Project on the Lake Buenos Aires plateau in southern Patagonia. The Hooded Grebe is one of the most endangered animals in Argentina. Introduced species, such as the mink, salmon, and trout, are especially threatening to the birds during nesting season. One mink can kill an entire colony in a very short period of time, so they are trapped and removed. Pablo Hernández is one of the "colony guardians" working to protect the grebe. In this image, he is removing a mink that was caught in one of their traps.

El equipo de Frontera tuvo la suerte de trabajar con el Proyecto Macá Tobiano en la meseta del Lago Buenos Aires, en el sur de la Patagonia. El Macá Tobiano es una de las especies que están en mayor peligro de extinción en Argentina. Las especies introducidas, tales como el visón, el salmón y la trucha, son una amenaza para los pájaros, especialmente durante la temporada de anidación. Un visón puede matar a una colonia entera en un período de tiempo muy corto; por eso, se los atrapa y extrae del hábitat. Pablo Hernández es uno de los "guardianes de las colonias" que trabajan para proteger a los macaes. En esta imagen, está sacando a un visón que quedó atrapado en una de sus trampas.

German and I review video while sitting in the pueblito we called home for several days.

Germán y yo revisando videos, sentados en el pueblito que llamamos hogar durante varios días.

© Edwin Harvey

© Edwin Harvey

© Edwin Harvey

Logistics! Our plan was to take two vehicles, and a team of seven, deep into Bolivia to photograph the extremely endangered Blue-Throated Macaw and, hopefully, a wild jaguar. In this photo, Diana Friedrich and Edwin Harvey (interns), Igor Berkunsky (macaw expert), Francisco Sicliano (camp manager), and Tiberio Monterrubio (jaguar expert) are reviewing our route and the potential areas for camping in north-central Bolivia. It was on this trip that a jaguar circled our tents late one night. For ten minutes, he made huffing noises and inspected our campsite before finally departing. Unfortunately, it was dark and my camera wasn't in my tent, but I wasn't about to get out to retrieve it.

María Figuera is a volunteer working as a "colony guardian" for the Hooded Grebe Project. She uses a spotting scope to count and record the endangered grebes as they return to their nesting area on La Meseta Lago de Buenos Aires in southern Patagonia. Guardians live in small tents for weeks at a time while monitoring and protecting the Hooded Grebe colonies.

¡Logística! Nuestro plan era llevar dos vehículos y un equipo de siete personas hasta los confines de Bolivia para fotografiar al Guacamayo Barbazul, que está en peligro extremo de extinción, y, con suerte, un Yaguareté salvaje. En esta foto, Diana Friedrich y Edwin Harvey (pasantes), Igor Berkunsky (experto en guacamayos), Francisco Sicliano (gerente del campamento) y Tiberio Monterrubio (experto en Yaguaretés) están revisando nuestra ruta y los posibles lugares para acampar en la zona septentrional central de Bolivia. Fue en este viaje que un Yaguareté dio vueltas alrededor de nuestras carpas una noche bien tarde. Durante 10 minutos, resolló y examinó nuestro campamento, hasta que finalmente decidió seguir su camino. Desafortunadamente, estaba oscuro y no tenía mi cámara en la carpa, pero no iba a salir a buscarla.

María Figuera es una voluntaria que trabaja como "guardiana de las colonias" para el Proyecto Macá Tobiano. Ella usa un telescopio para contar y registrar a los macaes que están en peligro de extinción mientras regresan a su lugar de anidación en la meseta del Lago Buenos Aires, en el sur de la Patagonia. Los guardianes viven en pequeñas carpas durante semanas, observando y protegiendo a las colonias de macaes tobianos.

German and I are seen here sitting at the edge of Lake Cervecero. This was a very happy moment! We had just found and photographed a Puma along the rocky edge of the lake. It was one of the first confirmed sightings of Puma in an area where they had been absent for decades.

Aquí estamos Germán y yo sentados a la orilla del Lago Cervecero. Este fue un momento de mucha felicidad. Acabábamos de encontrar y fotografiar a un Puma en la orilla rocosa del lago. Ese fue uno de los primeros Pumas que se vieron en una zona en la que habían estado ausentes durante décadas.

Despite my desperate aversion to insecticides, I surrendered on this occasion and used "Mata Todo." Yep, I used a product with a name that means "kills everything" in English. I'm sure that wasn't carcinogenic!

A pesar de mi terrible aversión a los insecticidas, en esta ocasión me di por vencida y usé "Mata Todo". Sí, usé un producto con ese nombre. Pero estoy segura de que no era cancerígeno.

Dr. Lorenzo Sympson stands with German atop Las Buitreras condor roost near San Carlos de Bariloche, Argentina. Dr. Sympson is a native Argentine and noted Andean Condor expert. He is also a founding member, and head of the ornithological committee, of SNAP (Sociedad Naturalista Andino Patagonica), a regional nongovernmental organization (NGO) dedicated to the conservation of Patagonia's unique ecosystem. We have been lucky to work with him on many occasions, and very happy to be able to call him a friend.

El Dr. Lorenzo Sympson y Germán están de pie sobre Las Buitreras, un dormidero de cóndores cerca de San Carlos de Bariloche, Argentina. El Dr. Sympson nació en Argentina y es un renombrado experto en Cóndores Andinos. También es uno de los miembros fundadores y director del comité ornitológico de la Sociedad Naturalista Andino Patagónica (SNAP), un organismo no gubernamental (ONG) regional dedicado a la conservación del ecosistema único de la Patagonia. Hemos tenido la suerte de poder trabajar con él en varias ocasiones y tenemos el placer de contarlo entre nuestros amigos.

Frontera has had a close relationship with the Buenos Aires Zoo since 2008, especially with Vanessa Astore and Luis Jacome from the Andean Condor Project. The goal for the project is to raise Andean Condors in captivity and then release them back into wilderness locations where they were known to have existed previously. Vanessa is seen here with a mapuche tribal leader on a mapuche reservation in Paileman, Argentina, at a ceremony celebrating the release of two juvenile condors.

Frontera ha tenido una relación muy estrecha con el Zoológico de Buenos Aires desde el año 2008, sobre todo con Vanessa Astore y Luis Jacome, del Proyecto de Cóndores Andinos. El objetivo del proyecto es criar Cóndores Andinos en cautiverio y después liberarlos al mundo natural en lugares donde se sabe que han existido anteriormente. En esta foto, Vanessa está con una líder tribal de los mapuches en una reserva mapuche en Paileman, Argentina, en una ceremonia que celebraba la liberación de dos cóndores jóvenes.

Jaime Smart and Alejandro Serret of Cielos Patagonicos, talk with Jorge Cazenave at Estancia El Condor in southern Patagonia. Cielos Patagonicos is an investment group dedicated to the development of property and tourism within the framework of sustainability and preservation of nature. Alejandro invited the Frontera team to spend a week photographing the glacial lakes and unique landscapes found near San Martín Lake.

Jaime Smart y Alejandro Serret, del grupo Cielos Patagónicos, conversan con Jorge Cazenave en la Estancia El Cóndor, en el sur de la Patagonia. Cielos Patagónicos es un grupo de inversión dedicado al desarrollo de propiedades y turismo en el marco de la sostenibilidad y preservación de la naturaleza. Alejandro Serret invitó al equipo de Frontera a pasar una semana fotografiando los lagos glaciares y los paisajes únicos que se encuentran cerca del Lago San Martín.

On the occasions when you miss that perfect photographic second, the best you can do is sit back and enjoy. That doesn't mean you're not jealous as your partner holds the video camera that keeps on rolling.

Cuando pierdes el instante perfecto para tomar una foto, lo mejor que puedes hacer es sentarte a descansar y disfrutar el momento. Eso no significa que no sientas celos mientras tu compañero sujeta la cámara de video que sigue grabando.

Matias Soriano is the owner of Bahía Bustamante, a 210,000 acre estancia, in the Chubut province of Argentina. This estancia is home to one of the most successful ecotourism initiatives in Argentina, which Matias and his wife, Astrid, developed. From the beginning, they sought direction from experts to evaluate the potential negative impacts the tourism operation could have on flora and fauna. They continue to work with scientists on the property to foster research and conservation of wildlife and wildlands in the marine and terrestrial habitats of their coastal Patagonian paradise.

Matías Soriano es el dueño de Bahía Bustamante, una estancia de 210.000 acres, en la provincia de Chubut, Argentina. Esta estancia es una de las iniciativas de ecoturismo más exitosas de Argentina, creada por Matías y su esposa, Astrid. Desde el principio, buscaron el asesoramiento de expertos para evaluar los posibles impactos negativos que una operación turística pudiera tener sobre la flora y la fauna. Continúan trabajando con científicos en la propiedad para promover la investigación y conservación de la vida silvestre y las tierras salvajes en los hábitats marinos y terrestres de su paraíso en la costa patagónica.

German stands with our guide, Joaquín Altuna (far right), and friends Santiago (far left) and Juan Cruz Padilla. The Padilla brothers are committed to private conservation projects all around Argentina. They are avid conservation photographers and recently published a book of their bird photography. Currently, they are working on a series of field guides for the birds of Argentina in which some of my images can be found. This photo was taken while we were photographing the variety of species found at Estancia Punta Caballos (owned by Ramón Segura) in the Entre Rios Province.

Germán está aquí con nuestro guía, Joaquín Altuna (primero a la derecha) y nuestros amigos Santiago (primero a la izquierda) y Juan Cruz Padilla. Los hermanos Padilla se dedican a proyectos de conservación privados en toda la Argentina. Son fotógrafos de conservación ávidos y recientemente publicaron un libro de sus fotografías de aves. Actualmente, están creando una serie de guías de campo sobre aves de Argentina, en las que pueden verse algunas de mis imágenes. Esta foto la tomamos mientras estábamos fotografiando la variedad de especies que se encuentran en la Estancia Punta Caballos (propiedad de Ramón Segura) en la provincia de Entre Ríos.

German stands with ranger Isabel Peinecura (right) and another visitor, at the Punta Norte Nature Reserve on the famous Valdés Peninsula in Argentina. Isabel is well known at Punta Norte; she spends months in the area, tracking and protecting its wildlife. The main attraction at Punta Norte are the famous Orca, known for rushing onto the beach to catch sea lion pups. She works with Punta Norte Orca Research Foundation, an international nonprofit organization sworn to the scientific study of Orcas.

Aquí, Germán está con la guarda forestal Isabel Peinecura (derecha) y otra visitante en la Reserva Natural Punta Norte, en la famosa península de Valdés, Argentina. Isabel es muy conocida en Punta Norte; pasa meses en la zona, haciendo seguimientos y protegiendo a la vida silvestre. El principal atractivo de Punta Norte son las famosas Orcas, conocidas por su método de cazar crías de leones marinos saliendo del mar hasta la playa. Ella trabaja con la fundación Punta Norte Orca Research, una organización internacional sin fines de lucro, dedicada al estudio científico de las Orcas.

Three of our favorite gauchos always guide us when we visit Cuyín Manzano in Nahuel Huapi National Park in Argentina. The journey to the top of the mountain is long, steep, and dangerous. But you are quick to realize that it was worth the challenge once you arrive at the top and photograph an Andean Condor in one of the most beautiful places in the world.

Tres de nuestros gauchos favoritos nos guían siempre que visitamos Cuyín Manzano, en el Parque Nacional Nahuel Huapi, Argentina. El viaje para llegar a la cima de la montaña es largo, empinado y peligroso. Sin embargo, uno enseguida se da cuenta de que el desafío valió la pena al llegar a la cima y tener la oportunidad de fotografiar un Cóndor Andino en uno de los lugares más bellos del mundo.

Julio Mangiarotti is the park ranger responsible for managing and protecting wildlife of the Mar Chiquita Reserve near Coronel Vidal, Argentina. Poaching is very common here and Julio commonly faces dangerous situations when working to stop aggressive poachers. He can't imagine doing anything else because he's passionate about protecting the fish and wildlife in this important UNESCO Reserve.

Julio Mangiarotti es el guarda forestal responsable de dirigir y proteger la vida silvestre en la Reserva de Mar Chiquita, cerca de Coronel Vidal, Argentina. En este lugar, la caza furtiva es muy común, y Julio suele enfrentar situaciones peligrosas al tratar de detener a cazadores furtivos hostiles. No puede imaginarse haciendo ningún otro trabajo, porque su pasión es proteger los peces y la vida silvestre en esta importante reserva de la UNESCO.

Dr. Ingrid Visser and German play in front of our Go Pro camera, just after receiving a radio call telling us that Orca were approaching. Dr. Visser was born in New Zealand and specializes in researching orca. She's worked many years with the Punta Norte Orca Research Foundation.

La Dr.ª Ingrid Visser y Germán juegan frente a nuestra cámara Go Pro, justo después de recibir un mensaje por radio que anunciaba que las Orcas estaban llegando. La Dr.ª Visser nació en Nueva Zelandia y se especializa en investigación de Orcas. Ha trabajado muchos años con la fundación Punta Norte Orca Research.

Edwin Harvey, Inés Pereda, Hernán Casañas, Patrick Buchanan, and Diana Friedrich, have a little fun together after checking one of the nesting sites for the Hooded Grebe. These team members work tirelessly for months in the infamously extreme Patagonian weather, protecting the dwindling Hooded Grebe population.

Edwin Harvey, Inés Pereda, Hernán Casañas, Patrick Buchanan y Diana Friedrich se divierten un rato después de inspeccionar uno de los lugares de anidación de los Macaes Tobianos. Los miembros de este equipo trabajaron sin descanso durante meses en el clima extremo de la Patagonia, protegiendo la menguante población de Macaes Tobianos.

German and I fly with Fernando Sosa, from estancia Rincón del Socorro, to take aerial photos and video of the Esteros del Iberá wetland.

Germán y yo volamos con Fernando Sosa, de la estancia Rincón del Socorro, para tomar fotos y videos aéreos de los Esteros del Iberá.

The National Parks
Foundation of Argentina

Who are we?

The National Parks Foundation was created in October, 2002 to help support and promote actions leading to the protection of wildlife and ecosystems of the Argentine National Parks. We are a diverse group of professionals who share a passion for the environment and put our time, imagination, and abilities at the service of all things related to wildlife and wild lands conservation. Claudio Hirsch, Daniel Hirsch, and Dylan Williams are the leaders of this successful philanthropic organization.

What is our mission?

It has been more than one hundred years since expert Francisco Moreno donated the land that gave birth to the first Argentine National Park. Many people do not know that in 1934, Argentina became the third American country to create National Parks, following the United States and Canada. Our mission is to continue that tradition with the same passion as our predecessors—to actively assist in conservation that will allow present and future generations to enjoy the natural heritage of Argentina. With this book, we hope to broaden that vision and inspire other South American countries to join our efforts. In order to succeed, each country must play its part in the conservation puzzle. Multinational cooperation will be crucial to future success. We also hope to raise international awareness, outside of South America, about the success achieved thanks to many of our dedicated groups and individuals.

For as long as I can remember, probably since I was born, I have gazed at, listened to, and walked through the beautiful landscapes of southern South America. While spending time in nature, I connect with emotions that fill my soul. I was raised to be in nature. I was taught to love and protect it. I have felt inspiration in the same areas where Laura has captured these incredible moments with her camera, essentially stopping and saving a moment in time. With this book, I hope we may raise the conservation awareness and inspire others to help put an end to the annihilation of nature. The rivers must keep flowing, glaciers moving, and snow falling, especially in the mountains of my childhood, where I learned the true meaning of respect for all life forms on Earth.

Claudio Hirsch
Fundación Parques Nacionales

Fundación Parques Nacionales de Argentina
Av Caseros 430 3F
CABA. Argentina
Tel. +5491154781060
www.fundacionparquesnacionalesargentina.org

La Fundación Parques Nacionales de Argentina

¿Quiénes somos?

La Fundación Parques Nacionales fue creada en octubre del 2002 para ayudar a sostener y promover acciones que conduzcan a la protección de la flora, la fauna y los ecosistemas de los Parques Nacionales de Argentina. Somos un grupo diverso de profesionales que compartimos la pasión por el medio ambiente y ponemos nuestro tiempo, imaginación y capacidades al servicio de todas las cosas relacionadas con la conservación de la flora, la fauna y las tierras salvajes. Claudio Hirsch, Daniel Hirsch y Dylan Williams son los líderes de esta exitosa organización filantrópica.

¿Cuál es nuestra misión?

Han pasado más de cien años desde que el Perito Francisco Moreno donó las tierras que dieron origen al primer Parque Nacional de Argentina. Muchas personas no saben que, en el año 1934, Argentina fue el tercer país en las Américas que creó Parques Nacionales, después de los EEUU y Canadá. Nuestra misión es continuar esa tradición con la misma pasión que tenían nuestros predecesores, para contribuir activamente a la conservación que permitirá a las generaciones presentes y futuras disfrutar de la herencia natural de Argentina. Con este libro, esperamos ampliar esa visión e inspirar a otros países sudamericanos a unirse a nuestros esfuerzos. Para tener éxito, cada país debe desempeñar su papel en el rompecabezas de la conservación. La cooperación multinacional será crucial para el éxito futuro. También esperamos aumentar la conciencia internacional, fuera de Sudamérica, con respecto a los éxitos logrados gracias a muchos de nuestros dedicados grupos e individuos.

Desde que tengo memoria, probablemente desde mi nacimiento, he mirado, escuchado y caminado por los bellos paisajes del sur de Sudamérica. Cuando paso tiempo en la naturaleza, me conecto con emociones que llenan mi alma. Fui criado para estar en la naturaleza. Me enseñaron a amarla y protegerla. He sentido inspiración en las mismas zonas donde Laura ha capturado estos momentos increíbles con su cámara, esencialmente parando y guardando un momento en el tiempo. Con este libro, espero que podamos aumentar la conciencia de la conservación e inspirar a otros a ayudar a detener la aniquilación de la naturaleza. Los ríos deben seguir fluyendo, los glaciares moviéndose y la nieve cayendo, especialmente en las montañas de mi niñez, en donde aprendí el verdadero sentido de respeto por todas las formas de vida en esta tierra.

Claudio Hirsch
Fundación Parques Nacionales

Fundación Parques Nacionales de Argentina
Av Caseros 430 3F
CABA. Argentina
Tel. +5491154781060
www.fundacionparquesnacionalesargentina.org

LCW Photo and Frontera Wildlife

Laura became a professional wildlife photographer in 2001, after three of her images were published in *National Wildlife* magazine. Since that time she has been published in magazines such as *National Geographic*, *Smithsonian*, *Nature's Best*, and *The Nature Conservancy*. She has earned multiple national and international awards for her photography and has been exhibited in the Smithsonian Museum of Natural History twice. Recently, her photography was included in a collection of images by some of the best wildlife and landscape photographers in the world. The book is titled *Sublime Nature* and was published by National Geographic Books.

In 2007, while working as an editorial photographer, she created a tour company called Frontera Wildlife Photography Adventures with partner German Ambrosetti. They led groups of amateur photographers throughout Argentina, while teaching about wildlife conservation and photographic technique. Four years later, they began a nonprofit organization called Frontera Wildlife. Their mission is to help conservation-minded individuals and organizations by providing professional photography and video production for advertising, education, and scientific insight.

Laura has a master's degree in biomedical and surgical illustration from the Johns Hopkins University School of Medicine. Her bachelor's degrees are in visual arts and scientific illustration. Regarding her transition into the world of photography, she wrote:

"My undergraduate education in fine art and scientific illustration, as well as my graduate education in biomedical arts, has provided me with a unique blend of scientific knowledge and visual skill. These skills allowed me to move with ease into the world of professional wildlife and conservation photography. I think this combination of disciplines has given me a competitive edge as well. The emotional reaction to my imagery is in itself satisfying, but the fact that people are learning about animal behavior while enjoying beauty and connection, is extremely satisfying."

Overall, Laura's passion to make a difference through her photography has pushed her to be successful in ways that could potentially have a positive impact on conservation. All of her professional and educational experience has led her to this point. She has a talent for creating still images with enough beauty and emotional content that they inspire those who admire them. Her goals are articulated in the mission statement on her website (www.lcwphoto.com):

"To present the natural world as an emissary for its own preservation and enhancement, teach about the natural world through photographic stories, and hopefully, shift egocentric human perspectives toward the environment."

It is her opinion that ignoring the well-being of other lives and ecosystems on our planet is a bigger mistake than most people understand at this point in history. She is committed to doing whatever she can to remind the world of how important it is to remain connected to, and be the stewards of, the natural world.

LCW Photo
www.lcwphoto.com
laura@lcwphoto.com

LCW Photo y Frontera Wildlife

Laura se convirtió en fotógrafa profesional de vida silvestre en el año 2001, después de que tres de sus imágenes se publicaran en la revista *National Wildlife*. Desde ese momento, sus fotos se han publicado en revistas como *National Geographic, Smithsonian, Nature's Best* y *The Nature Conservancy*. Ha ganado muchos premios nacionales e internacionales por sus fotografías, y sus trabajos se exhibieron en el Museo de Historia Natural Smithsonian en dos oportunidades. Recientemente, sus fotografías se incluyeron en una colección de imágenes tomadas por algunos de los mejores fotógrafos de vida silvestre y paisajes del mundo. El libro se llama *Sublime Nature* y fue publicado por National Geographic Books.

En 2007, mientras trabajaba como fotógrafa editorial, creó una compañía de turismo llamada Frontera Wildlife Photography Adventures con su socio, Germán Ambrosetti. Guiaban a grupos de fotógrafos aficionados por toda la Argentina, mientras enseñaban sobre la conservación de la naturaleza y las técnicas fotográficas. Cuatro años después, iniciaron una organización sin fines de lucro llamada Frontera Wildlife. Su misión es ayudar a las personas y organizaciones interesadas en la conservación, brindándoles producción profesional de fotografías y videos para fines publicitarios, educativos y de conocimiento científico.

Laura cuenta con una maestría en ilustración biomédica y quirúrgica de la Facultad de Medicina de la Universidad Johns Hopkins. Tiene licenciaturas en artes visuales e ilustración científica. Con respecto a su transición al mundo de la fotografía, ella escribió: "Mi educación universitaria en bellas artes e ilustración científica, así como mi educación de posgrado en artes biomédicas, me han brindado una combinación única de conocimiento científico y técnica visual. Estas habilidades me han permitido moverme con facilidad en el mundo profesional de la fotografía de vida salvaje y conservación. Creo que esta combinación de disciplinas me ha dado también una ventaja competitiva. La reacción emocional a mis imágenes, de por sí, es gratificante, pero el hecho de que la gente aprenda sobre la conducta de los animales mientras disfruta de la belleza y la conexión, es sumamente gratificante".

En resumen, la pasión de Laura por marcar una diferencia por medio de su fotografía la ha llevado a tener éxito en modos que podrían generar un impacto positivo en la conservación. Todas sus experiencias profesionales y educativas la han traído hasta este punto. Tiene talento para crear imágenes inanimadas con una belleza y un contenido emocional suficientes para inspirar a las personas que las admiran. Sus metas están enunciadas en la declaración de misión en su página web (www.lcwphoto.com):

"Presentar al mundo natural como un emisario para su propia conservación y mejora, enseñar sobre el mundo natural mediante historias fotográficas y, con suerte, lograr un viraje de las egocéntricas perspectivas humanas hacia el medioambiente".

En su opinión, desatender el bienestar de otras formas de vida y ecosistemas de nuestro planeta es un error más grave de lo que la mayoría de las personas cree en este punto de la historia. Está comprometida a hacer todo lo que pueda para recordarle al mundo lo importante que es permanecer conectados con el mundo natural y protegerlo.

LCW Photo
www.lcwphoto.com
laura@lcwphoto.com

Acknowledgments

How do I thank all of the amazing people who have contributed to the possibility of these images and the creation of this book? I can honestly say that I enjoyed meeting and working with each of them, so I will do my very best to express my heartfelt appreciation.

I am most grateful to the National Parks Foundation of Argentina, under the skillful guidance of Claudio Hirsch, Daniel Hirsch, and Dylan Williams. I am not sure how to adequately express just how much I have appreciated their time, attention, support, and patience.

As for my partners: German Ambrosetti, Jorge Cazenave, Santiago Busch Frers, and the rest of the Frontera Wildlife team--what unbelievable dedication and enthusiasm we shared. I am most thankful for the laughter. You are all the very best!

The scope and vision of the work done by Kris and Doug Tompkins for wildlife conservation, wild lands philanthropy, and environmental advocacy is incomparable. I am grateful to them both for being the epitome of inspiration. Prior to his accident, Doug had accepted our invitation to write the foreword for this book. I am sorry he will never know how honored I felt as a result of his acceptance.

A very special thank you goes to José Ramón Díaz Vega. He gave me the emotional and intellectual support I needed to successfully push through the creative process. It was his guidance that kept me focused on the forest and not lost in the trees. This is a much better book as a result of his encouragement and input.

I cannot forget to thank Marty Vanderploeg. With his blessing and encouragement, I took financial risks that allowed me to experience amazing things. (He also kept my mother happy and calm when I was off doing risky things she'd rather not know about.)

I must also send sincere gratitude to Eugenio Breard and Emiliano Ezcurra, president and vice-president respectively of the National Parks Administration of Argentina. The brilliant partnership they formed with the National Park Foundation uniquely reinforces the successful protection and management of Argentina's National Parks.

Dylan Williams and his talented production team at LSD Live also deserve special thanks. They are responsible for creating our promotional video: *Labor of Love*. I am grateful to them for being the first to offer their time and incredible talent to the project.

As for the design and content team: Melissa Neubek, Lyn Millner, Ann and Myron Beard, Flat World Communications, Pablo Ferrero, Lourdes Fernandez, PIL Creative, Dr. Lorenzo Sympson, Aden Nichols, Barbara Hirsch, and Lisa Levin– I could not have hoped for a better gathering of teachers. You are all kind, generous, and talented people whose help was invaluable.

Last and certainly not least, thank you Iris Nystrom. I am so very grateful for your infectious enthusiasm and your refusal to let me fail.

The following people, places, and organizations also deserve special recognition for their kindness, support, and generosity.

Individuals

Joaquín Altuna
Federico Ambrosetti
Luz María Ambrosetti
Vanessa Astore
Igor Berkunsky
Luciano Bernacchi
Florencia María Tiscornia Biaus
Patrick Buchanan
Miguel Ángel Cabrera
Inés Canzani (mini Laura)
Hernán Casañas
Juan Copello
Juan Cruz Padilla
Roberto Donoso Berrios
Carlos Ferreyra
María Figuera
Oscar Folmer
Diana Friedrich
Marcos García Rams
Familia Gestoso
Edwin Harvey
Pablo Hernández
Julieta C. Herrero
Justo Herrou
Barbara Hirsch
Héctor Jacobi
Luis Jacome
Walter Laufquen
Julio Mangiarotti
Eduardo Milito
Tiberio Monterrubio
Miguel Ortiz Quirno
Santiago Padilla

Isabel Peinecura
Inés Pereda
Gonzalo Poodts
Jessica Prada
Alex Pryor
Federico Reese
Kini Roesler
Familia Saubidet
Florencia Saubidet
Ramón Segura
Alejandro Serret
Francisco Sicliano
Rafael Smart
Jaime Smart
Matías Soriano
Fernando Sosa
Graciela Sympson
Stella Maris Velázquez
Dr. Ingrid Visser

Groups and Organizations

Aves Argentinas
Zoológico de Buenos Aires
Central CTL
Cielos Patagónicos
Conservación Patagónica
Empresa Guayakí Yerba Mate
Güira Oga
Reserva Provincial Parque Luro
Punta Norte Orca Research
Proyecto Macá Tobiano
Reserva de Mar Chiquita
Personal auxiliar del Presidente M. Macri
Tompkins Conservation

Managers and Staff

Bahía Bustamante
Estancia Cerro La Buitrera
Estancia El Cóndor
Estancia El Durazno
Estancia La Ernestina
Estancia La Florida
Estancia La Frontera
Estancia La Leona
Estancia Las Delicias
Estancia Los Andes
Estancia Menelik
Estancia Punta Caballos
Estancia San Alonso
Estancia San Antonio
Estancia San Juan Poriahú
Estancia Santa Olga
Estancia Tecka
Estancia Tierra Fiel
Estancia Valle Chacabuco
Estancia Valle Encantado
Faro Punta Delgada
Los Huemules
Parque Nacional Monte León
Parque Nacional de la Patagonia
Parque Pumalín
Posada Arara Azul
Rincón del Socorro

Agradecimientos

¿Cómo puedo agradecerles a todas las maravillosas personas que han contribuido a hacer posibles estas imágenes y la creación de este libro? Francamente, puedo decir que disfruté conocer y trabajar con cada una de ellas, por eso haré lo posible para expresar mi sincero agradecimiento.

Estoy muy agradecida a la Fundación Parques Nacionales de Argentina, dirigida hábilmente por Claudio Hirsch, Daniel Hirsch y Dylan Williams. No sé bien cómo expresar de manera apropiada lo mucho que agradezco su tiempo, atención, apoyo y paciencia.

En cuanto a mis compañeros, Germán Ambrosetti, Jorge Cazenave, Santiago Busch Frers y el resto del equipo de Frontera Wildlife, la dedicación y el entusiasmo que compartimos fueron increíbles. Les agradezco enormemente las risas. ¡Ustedes son los mejores!

El alcance y la visión del trabajo de Kris y Doug Tompkins para la conservación de la vida silvestre, la filantropía en las tierras salvajes y la defensa del medio ambiente son incomparables. Les agradezco a los dos por ser la quintaesencia de la inspiración. Antes de su accidente, Doug había aceptado nuestra invitación para escribir el prólogo de este libro. Lamento mucho que nunca sabrá cuán honrada me sentí por su aceptación.

Un especial agradecimiento para José Ramón Díaz Vega. Él me dio el apoyo emocional e intelectual que necesitaba para avanzar con éxito en el proceso creativo. Fue su orientación la que me ayudó a mantenerme enfocada en el bosque, en vez de perderme entre los árboles. Este es un libro mucho mejor gracias a su aliento y aporte.

No puedo olvidarme de darle las gracias a Marty Vanderploeg. Con su bendición y estímulo, asumí riesgos financieros que me permitieron experimentar cosas increíbles (también mantuvo a mi mamá feliz y tranquila mientras yo estaba lejos, haciendo cosas riesgosas de las que preferiría no enterarse).

De igual manera, quiero expresar mi más sincero agradecimiento a Eugenio Breard y a Emiliano Ezcurra, presidente y vicepresidente, respectivamente, de la Administración de Parques Nacionales de Argentina. Su brillante asociación con la Fundación Parques Nacionales refuerza excepcionalmente la protección y la administración exitosa de los Parques Nacionales de Argentina.

Dylan Williams y su talentoso equipo de producción de LSD Live también merecen un agradecimiento especial. Ellos son los responsables de la creación de nuestro video promocional: Una tarea de amor. Les agradezco haber sido los primeros en ofrecer su tiempo y su extraordinario talento para este proyecto.

Con respecto al equipo de diseño y contenido: Melissa Neubek, Lyn Millner, Anny Myron Beard, Flat World Communications, Pablo Ferrero, Lourdes Fernández, PIL Creative, Dr. Lorenzo Sympson, Aden Nichols, Barbara Hirsch y Lisa Levin, no podría haber deseado tener un mejor equipo de maestros. Todos ustedes son amables, generosos y talentosos, y su ayuda ha sido invalorable.

Por último, pero no por eso menos importante, gracias a Iris Nystrom. Estoy muy agradecida por tu entusiasmo contagioso y tu negativa a dejarme fracasar.

Las siguientes personas, lugares y organizaciones también se merecen un reconocimiento especial por su amabilidad, apoyo y generosidad:

Personas

Joaquín Altuna
Federico Ambrosetti
Luz María Ambrosetti
Vanessa Astore
Igor Berkunsky
Luciano Bernacchi
Florencia María Tiscornia Biaus
Patrick Buchanan
Santiago Busch Frers
Miguel Ángel Cabrera
Inés Canzani (mini Laura)
Hernán Casañas
Jorge Cazenave
Juan Copello
Juan Cruz Padilla
Roberto Donoso Berrios
Carlos Ferreyra
María Figuera
Oscar Folmer
Diana Friedrich
Marcos García Rams
Familia Gestoso
Edwin Harvey
Pablo Hernández
Julieta C. Herrero
Justo Herrou
Barbara Hirsch
Héctor Jacobi
Luis Jacome
Walter Laufquen
Julio Mangiarotti
Eduardo Milito
Tiberio Monterrubio
Miguel Ortiz Quirno

Santiago Padilla
Isabel Peinecura
Inés Pereda
Gonzalo Poodts
Jessica Prada
Alex Pryor
Federico Reese
Kini Roesler
Familia Saubidet
Florencia Saubidet
Ramón Segura
Alejandro Serret
Francisco Sicliano
Rafael Smart
Jaime Smart
Matías Soriano
Fernando Sosa
Graciela Sympson
Stella Maris Velázquez
Dra. Ingrid Visser

Grupos y Organizaciones

Aves Argentinas
Zoológico de Buenos Aires
Central CTL
Cielos Patagónicos
Conservación Patagónica
Empresa Guayakí Yerba Mate
Güira Oga
Reserva Provincial Parque Luro
Punta Norte Orca Research
Proyecto Macá Tobiano
Reserva de Mar Chiquita
Personal auxiliar del Presidente M. Macri
Tompkins Conservation

Gestores y Personal

Bahía Bustamante
Estancia Cerro La Buitrera
Estancia El Cóndor
Estancia El Durazno
Estancia La Ernestina
Estancia La Florida
Estancia La Frontera
Estancia La Leonor
Estancia Las Delicias
Estancia Los Andes
Estancia Menelik
Estancia Punta Caballos
Estancia San Alonso
Estancia San Antonio
Estancia San Juan Poriahú
Estancia Santa Olga
Estancia Tecka
Estancia Tierra Fiel
Estancia Valle Chacabuco
Estancia Valle Encantado
Faro Punta Delgada
Los Huemules
Parque Nacional Monte León
Parque Nacional de la Patagonia
Parque Pumalín
Posada Arara Azul
Rincón del Socorro

Index

Aguará Guazú   80, 107
Águila Crestuda Negra   190
Águila Crestuda Real   13
Águila Mora   56–57, 95, 153
Aguilucho Colorada   104
Aguilucho Común   158
Albatros de Ceja Negra   121, 129
Alectrurus risora   90
Alouatta caraya   18–19, 37, 177
American Black Vulture   168
Anaconda Amarilla 39, 208, 213
Andean Condor   44–45, 62–63, 148, 215, 216
Anodorhynchus hyacinthinus   30
Antarctic Skua   136
Aotus azarae   179
Aptenodytes patagonicus   118, 209
Ara glaucogularis   29, 207, 214
Ardea alba   22, 28
Argentine Black and White Tegu   84–85
Asio flammeus   171
Athene cunicularia   99, 166
Austral Conure   201
Austral Parakeet   201
Austral Pygmy Owl   194–195
Azara's Night Monkey   179
Ballena Franca Austral   140–141
Black-and-gold Howler Monkey   18–19, 37, 177
Black-browed Albatross   121, 129
Black-chested Buzzard-eagle   56–57, 95, 153
Black Hawk-eagle   190
Black-masked Finch   96
Black-necked Swan   98
Black Vulture   168
Blastocerus dichotomus   24
Blue and Yellow Macaw 207
Blue-crowned Parakeet   183
Blue-Eyed Cormorant   114
Blue-throated Macaw   29, 207, 214
Bolivian Squirrel Monkey   202–203

Bradypus variegatus   14
Brown-throated Sloth   14
Bubo magellanicus   55, 67, 138
Bufo paracnemis   38
Búho Magallánico   55, 67, 138
Búho Real de América del Norte 138
Burrowing Owl   99, 166
Burrowing Parrot   119
Buteo polyosoma   158
Buteogallus meridionalis   104
Caburé Grande   194–195
Cachaña   201
Cachilo de Antifaz   96
Caimán   25, 26–27, 211, 212
Caiman yacare   25, 26–27, 211, 212
Calancate Común   183
Campephilus magellanicus   193
Capybara   31
Caracara plancus   54, 100–101
Carancho Austral   122–123
Carancho Común   54, 100–101
Cardenal Amarillo   102
Cariama cristata   91
Carpincho   31
Carpintero Blanco   15
Carpintero Campestre   97
Carpintero de las Pampas 97
Carpintero Magallánico   193
Carpintero Pitío   73
Carpintero Real   178
Catharacta antarctica   136
Cathartes aura   120
Cerdocyon thous   180–181
Cervus elaphus   198
Chaco Golden Knee Tarantula   150
Chajá Común   83
Charadrius modestus   58
Chauna torquata   83
Chestnut-capped Blackbird   103

Chilean Flamingo   72
Chilean Flicker   73
Chilean Skua   125
Chilean Torrent Duck   47, 66
Chinchillón   75
Choique   68, 108–109, 139, 167
Chorlito   58
Chrysocyon brachyurus   80, 107
Chrysomus ruficapillus   103
Chuña Patas Rojas   91
Ciervo Colorado   198
Ciervo de los Pantanos   24
Ciervo Sur Andino 198
Cisne Cuellinegro   98
Cliff Swallow   88
Coipú   23
Colaptes campestroides   97
Colaptes melanochloros   178
Colaptes pitius   73
Common Barn Owl   182
Common Vampire Bat   20
Cóndor Andino   44–45, 62–63, 148, 215, 216
Conepatus humboldtii   52, 69, 156, 210
Coragyps atratus   168
Cormorán Gris   115
Cormorán Imperial   114
Coryphaspiza melanotis   96
Corzuela Colorada   199
Cotorra Austral 201
Coypu   23
Crab-eating Fox   180–181
Cuis Chico   151
Cururú Rococó   38
Cururu Toad   38
Cyanoliseus patagonus   119
Cygnus melancoryphus   98
Darwin's Rhea   68, 108–109, 139, 167
Desmodus rotundus   20, 184
Dolichotis patagonum   165

Dolphin Gull 112
Dusky-legged Guan 192
Elefante Marino del Sur 113, 124, 130, 137, 144–145
Enicognathus ferrugineus 201
Escúa Antártica136
Escúa Común 125
Eubalaena australis 140–141
Eudyptes chrysocome 126
Eunectes notaeus 39, 208, 213
Fasciated Tiger-heron 186
Field Flicker 97
Flamenco Austral 72
Flamenco de James 159, 162–163
Flying Steamerduck 50–51
Furnarius rufus 87
Garza Blanca 22, 28
Gato Montés Sudamericano 176
Gaviota Cangrejera 132
Gaviota Cocinera 115
Gaviota Gris 112
Gentoo Penguin 133
Geoffroy's Cat 176
Geranoaetus melanoleucus 56–57, 95, 153
Giant Anteater 169, 187, 208
Gilded Sapphire 191
Glaucidium nana 194–195
Golondrina Rabadilla Canela 88
Grammostola pulchripes 150
Great White Egret 22, 28
Greater Rhea 92–93, 167
Great Horned Owl 138
Green-barred Woodpecker 178
Green-billed Toucan 36
Guacamayo Azule y Amarillo 207
Guacamayo Barbazul 29, 207, 214
Guacamayo Escarlata 207
Guacamayo Jacinto 30
Guanaco 46, 70–71, 152, 164, 209

Gubernatrix cristata 102
Haematopus leucopodus 131
Halcón Rojo 158
Hocó Oscuro 186
Hooded Grebe 64, 213, 214, 217
Hormiguero Amazónico 200
Hornero 87
Huemul 198
Humboldt's Hog-nosed Skunk 52, 69, 156, 210
Hyacinth Macaw 30
Hydrochoerus hydrochaeris 31
Hylocharis chrysura 191
Jabiru 16
Jabirú 16
Jabiru mycteria 16
Jaguar 12, 34–35, 170, 208, 214
James's Flamingo 159, 162–163
Jote Cabeza Colorada 120, 168
Jote Negro 168
Kelp Gull 115
Killer Whale 116–117, 134–135, 216, 217
King Penguin 118, 209
Lagarto Overo 84–85
Lagidium viscacia 75
Lagostomus maximus 106
Lama glama 172–173
Lama guanicoe 46, 70–71, 152, 164, 209
Larus atlanticus 132
Lechucita Vizcachera 99, 166
Lechuza Campestre 171
Lechuza de Campanario 182
Lechuzó Mocho Grande 188–189
Leopardus geoffroyi 176
Lesser Anteater 200
Lesser Rhea 68, 108–109, 139, 167
Leucophaeus scoresbii 112
Liebre Criolla 165
Liebre Patagónica 165
Llama 172–173

Lobito de Río 196
Lobo Marino Sudamericano 144–145
Loica Común 105, 161
Long-tailed Meadowlark 105, 161
Lontra longicaudis 196
Lophonetta specularioides 142
Loro Barranquero 119
Lycalopex griseus 53, 61, 86, 149, 157, 197
Macá Común 94
Maca Tobiano 64, 213
Macronectes giganteus 128–129
Magellanic Horned Owl 55, 67, 138
Magellanic Oystercatcher 131
Magellanic Penguin 127, 143
Magellanic Woodpecker 193
Maned Wolf 80, 107
Mara 165
Marikiná de Azara 179
Marsh Deer 24
Martín Pescador Grande 32
Mazama americana 199
Megaceryle torquata 32
Melanerpes candidus 15
Merganetta armata 47, 66
Microcavia australis 151
Mirounga leonina 113, 124, 130, 137, 144–145
Mono Ardilla Boliviano 202–203
Mono Aullador Negro y Dorado 18–19, 37, 177
Myocastor coypus 23
Myrmecophaga tridactyla 169, 187, 208
Ñandú 92–93, 167
Neotropical River Otter 196
Netta peposaca 17
Nutria 23
Olrog's Gull 132
Orca 116–117, 134–135, 216, 217
Orcinus orca 116–117, 134–135, 216, 217
Ornate Hawk-eagle 13
Oso Hormiguero Gigante 169, 187, 208

Oso Melero   200, 207
Ostrero Magallánico   131
Otaria flavescens   144–145
Ozotoceros bezoarticus   81
Pampas Deer   81
Pampas Flicker   97
Pampas Meadowlark 105, 161
Panthera onca   12, 34–35, 214
Parina Chica   159, 162–163
Patagonian Cavy   165
Patagonian Crested Duck   142
Patagonian Fox   53, 61, 86, 149, 157, 197
Patagonian Hare   165
Patagonian Hog-nosed Skunk   52, 69, 156, 210
Patagonian Mara   165
Pato Capuchino   82
Pato Creston   142
Pato de Torrente Chileno   47, 66
Pato Picazo   17
Pato Pico Cuchara Sudamericano   65
Pava de Monte Común   192
Penelope obscura   192
Perezoso Bayo   14
Petrel Gigante Antártico   128–129
Petrochelidon pyrrhonota   88
Phalacrocorax atriceps   114
Phalacrocorax gaimardi   115
Phalcoboenus australis   122–123
Phoenicoparrus jamesi   159, 162–163
Phoenicopterus chilensis   72
Picaflor Bronceado   191
Pingüino de Penacho Amarillo   126
Pingüino de Vincha   133
Pingüino Patagónico   127, 143
Pingüino Rey   118, 209
Piraña 26
Piranha 26
Plains Viscacha   106
Podiceps gallardoi   64, 213, 214, 217

Psittacara acuticaudatus   183
Pulsatrix perspicillata   188–189
Puma   48–49, 60, 74, 76–77, 154–155, 170, 185, 208, 210, 214
Puma concolor   48–49, 60, 74, 76–77, 154–155, 170, 185, 208, 210, 214
Puna Flamingo   159, 162–163
Pygoscelis papua   133
Quetro Malvinero   50–51
Quirquincho Bola   160
Ramphastos dicolorus   36
Ramphastos toco   33
Red-backed Hawk   158
Red-breasted Toucan   36
Red Brocket   199
Red Deer   198
Red-legged Cormorant   115
Red-legged Seriema   91
Red Shoveler   65
Rhea americana   92–93
Rhea pennata   68, 108–109, 139, 167
Ringed Kingfisher   32
Rollandia rolland   94
Rosy-billed Pochards   17
Rufous-chested Dotterel   58
Rufous Hornero   87
Saimiri boliviensis   202–203
Salvator merianae   84–85
Savanna Hawk   104
Scarlet Macaw 207
Short-eared Owl   171
Silver Teal   82
South American Gray Fox   53, 61, 86, 149, 157, 197
South American Tapir   21
South Andean Deer 198
Southern Crested Caracara   54, 100–101
Southern Elephant Seal   113, 124, 130, 137, 144–145

Southern Giant Petrel   128–129
Southern Lapwing   89
Southern Mountain Cavy   151
Southern Mountain Viscacha   75
Southern Right Whale   140–141
Southern Rockhopper Penguin   126
Southern Screamer   83
Southern Sea Lion   144–145
Southern Tamandua   200, 207
Southern Three-banded Armadillo   160
Spatula platalea   65
Spatula versicolor   82
Spectacled Owl   188–189
Spheniscus magellanicus   127, 143
Spizaetus ornatus   13
Spizaetus tyrannus   190
Stercorarius chilensis   125
Strange-Tailed Tyrant   90
Striated Caracara   122–123
Sturnella loyca   105, 161
Tachyeres patachonicus   50–51
Tamandua tetradactyla   200, 207
Tapir Amazónico   21
Tapirus terrestris   21
Tarántula Chaco   150
Tero Común   89
Thalassarche melanophris   121
Tigrisoma fasciatum   186
Toco Toucan   33
Tolypeutes matacus   160
Tucán de Pecho Rojo 36
Tucán de Pico Verde   36
Tucán Toco   33
Turkey Vulture   120, 168
Turpial de Gorro Castaño   103
Tyto alba   182
Vampiro Común   20, 184
Vanellus chilensis   89
Variable Hawk   158

Venado de los Pantanos   81
Vicugna vicugna   59
Vicuña   59
Vizcacha de las Pampas   106
Vultur gryphus   44–45, 62–63, 148, 215, 216
White-tufted Grebe   94
White Woodpecker   15
Yacare Caiman   25, 26–27, 211
Yaguareté   12, 34–35, 170, 208, 214
Yellow Anaconda   39, 208, 213
Yellow Cardinal   102
Yetapá de Collar   90
Zorrino Patagónico   52, 61, 69, 156, 210
Zorro Cangrejero   180–181
Zorro Gris   53, 61, 86, 149, 157, 197

Cover:
Puma / Puma / *Puma concolor*
Panoramic pages 40-41:
Unidentified raptor
Panoramic pages 76-77
Puma / Puma / *Puma concolor*
Panoramic pages 108-109:
Lesser Rhea / Choique / *Rhea pennata*
Panoramic pages 144-145:
Southern Elephant Seal / Elefante Marino del Sur / *Mirounga leonina*,
Southern Sea Lion / Lobo Marino Sudamericano / *Otaria flavescens*
Panoramic pages 172-173:
Llama / Llama / *Lama glama*
Panoramic pages 202-203:
Bolivian Squirrel Monkey / Mono Ardilla Boliviano / *Saimiri boliviensis*

Hardcover Edition

ISBN 10: 0-9983714-0-8
ISBN 13: 978-0-9983714-0-5

For inquiries and additional information please contact / Para realizar consultas y · solicitar información adicional, contáctese con:

www.MyWildLifePress.com; info@mywildlifepress.com

Design/ Diseño: Flat World Communication LLC, Miami, Florida, USA - Gabriel Parra

10 9 8 7 6 5 4 3 2 1

Printed by / Impreso por: Southeastern Printing, Hialeah, Florida, USA.

Printed in the United States of America.

Publisher's Cataloging-in-Publication
(Provided by Quality Books, Inc.)

  Williams, Laura Crawford, author.
    Wildlife in wild lands : photography for conservation in southern South America = Vida silvestre en tierras salvajes : fotografía para la conservación del sur de Sudamérica / Laura Crawford Williams.
    pages cm
    Includes index.
    Parallel text in English and Spanish.
    LCCN 2017900716
    ISBN 978-0-9983714-0-5

    1. Wildlife conservation--South America—Pictorial works. 2. Wildlife conservation--Southern Cone of South America--Pictorial works. 3. Endangered species—South America--Pictorial works. 4. Endangered species--Southern Cone of South America--Pictorial works. 5. Wildlife photography--South America. 6. Wildlife photography--Southern Cone of South America. 7. Photobooks. I. Container of (expression): Williams, Laura Crawford. Wildlife in wild lands. English. II. Container of (expression): Williams, Laura Crawford. Wildlife in wild lands. Spanish. III. Title. IV. Title: Vida silvestre en tierras salvajes.

    QL84.3.A1W55 2017   333.95'4098022   QBI17-900034

NAT037000 = Nature / Animals / Wildlife
NAT011000 = Nature / Environmental Conservation and Protection
PHO013000 = Photography / Nature and Wildlife / Plants and Animals